Kleine Geschichte Frankens

Anna Schiener

Kleine Geschichte Frankens

Verlag Friedrich Pustet
Regensburg

Umschlagmotiv:
Stadtansicht Nürnbergs von Osten – Kolorierte Radierung, anonym,
1. Hälfte 19. Jahrhundert.
museen der stadt nürnberg, grafische sammlung

Bibliografische Information der Deutschen Nationalbibliothek

Die Deutsche Nationalbibliothek verzeichnet diese Publikation
in der Deutschen Nationalbibliografie; detaillierte bibliografische
Angaben sind im Internet über http://dnb.d-nb.de abrufbar.

www.pustet.de

ISBN 978-3-7917-2131-6
© 2008 by Verlag Friedrich Pustet, Regensburg
Umschlaggestaltung: Kulturdesign Anna Braungart, Tübingen
Gesamtherstellung: Friedrich Pustet, Regensburg
Printed in Germany 2008

Inhalt

Vorwort

„Franke sein, das schließt neben allen möglichen erblichen Vorzügen und Fehlern vor allem eine Eigenschaft ein, die prägnanter als jeder Wappenspruch im Namen der Franken selbst steht und sich maßgeschneidert und hauteng um ihn spannt wie der Handschuh um die Hand. Das ist das Wort ‚frank‘, das in ‚frank und frei‘ mit Nachdruck in seiner Bedeutung bekräftigt wird. Franke sein heißt also seit uralten Zeiten, mit einem Schuss Hochmut darin, keinem unterworfen zu sein und von freier Abkunft zu stammen. Der allzu große Freiheitsdrang hat seine Tücken. Er mündete bei den Franken immer wieder in die Zersplitterung in lauter eigenwillige, sich befehdende Territorialherrschaften, wie sie das Bild Frankens in der Frühzeit mit seinen bunten Kriegerstämmen und später mit seinen Bischofssitzen, Fürstenhöfen, freien Reichsstädten, selbstständigen Ritterkantonen, Abteien und Ordensballeis geboten hat. Das separate Eigenesüppchenkochen oder auch Eigenebierbrauen in jedem Dorf, das den Franken so sehr liegt, hat das Land zwar mit heftigen Zwietrachten belastet, aber auch mit reicher Vielfalt und der Idylle im stillen Winkel beschenkt."

Diese Charakterisierung der Franken schrieb Hans Max von Aufseß (1906–1993), einer der es wissen muss, stammt er doch aus einem der ältesten Rittergeschlechter des Landes zwischen Main und Donau. Eine Menge Selbstbewusstsein bescheinigt er den Franken und Eigenwilligkeit, die sich nur schwer in einen herrschaftlichen Rahmen zwängen ließ. Nonkonformisten eben. Sie machen es dem Verfasser einer fränkischen Geschichte nicht leicht: Franken war niemals ein in sich geschlossener Herrschaftsraum, es war „vielherrig" und ein oszillierendes Gebilde.

Um der Historie lokale Grenzen zu setzen, wird sich die „Kleine Geschichte Frankens" auf die Landschaften beschränken, die heute als bayerische Regierungsbezirke die Bezeichnung Ober-, Mittel- und Unterfranken tragen. Dieser Raum ist das Ergebnis eines ständigen Erweiterungs- und Schrumpfungsprozesses, der erst in den 70er-Jahren des vorigen Jahrhunderts ein Ende fand. Franken umfasste zeitweilig Gebiete, die später zu selbstständigen Territorien wurden oder in anderen politischen Gebilden außerhalb Frankens aufgingen, wie Eichstätt – jahrhundertelang als fränkisch angesehen –, das nun zu Oberbayern gehört. Das heute baden-württembergische Bad Mergentheim oder das thüringische Meiningen sind nicht weniger fränkisch als Rothenburg ob der Tauber und Kulmbach. Im Gegenzug wurden manche Landstriche zu fränkischem Terrain, obwohl sie ursprünglich nicht dazu gehört hatten, wie Aschaffenburg und seine Umgebung oder das Coburger Land.

Trotz der räumlichen Eingrenzung wird sich ein gelegentlicher Ausflug in heute außerfränkische Gefilde nicht vermeiden lassen.

Topografisches

Franken, das sind 23 000 km² Hügel und Hochflächen, Berge, Flüsse, Seen und flaches Land zwischen Aschaffenburg im Westen, Hof im Osten und Weißenburg im Süden. Rund vier Millionen Menschen leben in diesem Gebiet, das von Mittelgebirgen umgeben ist: Odenwald und Spessart – der Spechtwald – im Westen, Rhön im Nordwesten, Thüringer Wald und Frankenwald im Norden, das Fichtelgebirge im Osten. Die Fränkische Alb zieht sich südöstlich um Mittelfranken und reicht mit der Fränkischen Schweiz nach Oberfranken hinein. Die westliche Grenze Mittelfrankens zu Baden-Württemberg bildet die Frankenhöhe. Haßberge und Steigerwald – sie trennen Mittel- und Oberfranken von Unterfranken –, Frankenhöhe und Fränkische Alb begrenzen schließlich das weite Mittelfränkische Becken.

Von Nordwest nach Südost läuft eine scharf ausgeprägte Landschaftsgrenze: die Fränkische Linie. Ungefähr auf der Höhe von Bad Berneck trifft die Autobahn Nürnberg–Berlin auf diese geologische Störungszone, die das jüngere süddeutsche Schichtstufenland vom älteren ostbayerischen Grundgebirge trennt. Hier prallen Paläozoikum (Erdaltertum) und Mesozoikum (Erdmittelalter), zwei völlig verschiedene Erdzeitalter mit ebenso unterschiedlichen Gesteinsarten, aufeinander.

Das westlich der Fränkischen Linie liegende Schichtstufenland ist nicht durch Auffaltung eines Gebirges entstanden, sondern durch Meeresablagerungen oder Ablagerungen von Flüssen. Die Struktur dieses Stufenlandes ist auf die Kräfte der Erosion zurückzuführen: Härtere Bänke, wie Burgsandstein, wurden als Schichtstufen, weniger widerstandsfähige Schichten, wie Feuerletten, als Verflachungen ausgebildet.

Das Gebiet im Großraum Nürnberg ist im Wesentlichen aus Sandsteinen und Tonen der Trias (etwa 225 bis 190 Mio. Jahre) aufgebaut. Nordwestlich, im Maingebiet, treten die älteren Muschelkalkschichten – Ablagerungen von Flachmeeren – an die Oberfläche. Der Norden und Osten von Erlangen wird durch die jüngeren Schichten des Jura (190 bis 135 Mio. Jahre) geprägt, die ebenfalls aus Tonen und Sandsteinen bestehen, aber auch aus mächtigen Kalkablagerungen, wobei die Kalke der jüngsten Jura-Epoche Malm die romantisch-bizarren Felsformationen der Fränkischen Schweiz ausbildeten.

An der Fränkischen Linie stößt dieses im Erdmittelalter entstandene Gebiet an bedeutend ältere Gebirge, zu denen das Fichtelgebirge gehört – seine ältesten Gesteine stammen aus dem Kambrium (570 Mio. Jahre). Die Landschaft war Teil eines ausgedehnten Meeres, dessen Boden mehrfach gehoben wurde und wieder in den Fluten versank. An der Wende vom Unter- zum Oberkarbon (325 Mio. Jahre) faltete sich der Meeresboden schließlich zum Hochgebirge auf. Diese Gebirgsbildung war das markanteste geologische Ereignis Nordostbayerns, denn, obwohl auch in den folgenden Perioden der Erdgeschichte Meere das neu entstandene Gebirge immer wieder überspülten, verlor es doch seinen festländischen Charakter nicht mehr. Heute zeigt sich das zu größten Teilen aus Granit bestehende Fichtelgebirge als stark erodiertes Rumpfgebirge.

Der zentrale Fluss Frankens ist der Main, der in sehr charakteristischer Form das Land durchfließt. Auf seinen rund 500 km berührt er die Gesteinsformationen der Trias: Keuper, Muschelkalk und Buntsandstein, die ihm seine Form aufzwingen. Bei Bamberg trifft der Fluss auf den Keuper und trennt Haßberge im Norden vom Steigerwald im Süden. Den weichen Keuper durchläuft er gradlinig nach Westen, bis er bei Schweinfurt auf den harten Muschelkalk trifft, sich nach Süden kehrt, bei Ochsenfurt „umwendet" und so das Maindreieck bildet, das bei Gemünden endet. Schließlich zwingt ihn der Buntsandstein des Spessarts wieder nach Süden, um das Mainviereck entstehen zu lassen, an dessen Ende der Fluss bei Aschaffenburg Unterfranken verlässt.

Der Main floss nicht immer von Ost nach West dem Rhein zu. Die ältesten Vorläufer des Flusses folgten der Ost-West-Richtung bis in die Gegend des heutigen Bamberg und bogen dann nach Süden – heute Regnitz/Rednitz – ab. Bis vor etwa zwei Millionen Jahren wurde ganz Franken zur Donau hin entwässert. Die Entstehung des Oberrheingrabens und die

Hebung der Landmasse kappte diese Verbindung nach Süden, das Flusssystem musste sich nach Westen orientieren. Vor etwa 800 000 Jahren fand der Main letztendlich das Bett, das wir kennen.

Das Einzugsgebiet des heutigen Mains und seiner Nebenflüsse umfasst rund 27 000 km² und erstreckt sich über Franken hinaus auf Teile Badens und Hessens. Es trifft im Süden auf das Einzugsgebiet der Donau: Die Grenze zwischen beiden ist Teil der Europäischen Hauptwasserscheide. Der Fluss ist ab Bamberg auf knapp 400 km schiffbar und seit 1992 über den Main-Donau-Kanal mit der Donau verbunden.

Der Main-Donau-Kanal – Teil der schiffbaren Verbindung von der Rhein- bis zur Donaumündung –, der von Bamberg über Nürnberg nach Kelheim führt, war nicht das einzige landschaftsverändernde wassertechnische Großprojekt in Franken. Rund 40 km südwestlich von Nürnberg wurde das Fränkische Seenland geschaffen, um die Wasserverteilung zwischen Süd- und Nordbayern auszugleichen. Da Franken ein wasserarmes Gebiet ist – der Süden Bayerns verfügt durch zahlreiche Zuflüsse aus den Alpen über etwa dreimal so viel Wasser wie der Norden – sollte Altmühl- und Donauwasser in das Regnitz-Main-Gebiet übergeleitet werden. Zwischen Mitte 1974 und Mitte 2000 entstanden mehrere Stauseen mit einer Gesamtwasserfläche von 20 km². Die Seen dienen heute nicht nur der künstlichen Wasserregulierung, sie sind wie der Altmühlsee zum Teil Naturschutzgebiet und werden intensiv touristisch genutzt.

Als Franken noch nicht fränkisch war

Ur- und Frühgeschichte zwischen Main und Donau

Franken waren die ersten Menschen nicht, die sich im Gebiet um den Main und seiner Nebenflüsse aufhielten. Es waren Frühmenschen, denen die Wissenschaft den Namen „homo erectus heidelbergensis" gab. Ihren Spuren zu folgen ist nicht leicht, denn sie haben kaum solche hinterlassen. Hätten Archäologen nicht in der Nähe von Kronach (Oberfranken) und am Schalksberg in Würzburg Artefakte zutage gebracht, die den Heidelberger Frühmenschen zugerechnet werden, wüssten wir nicht, dass sie vor 600 000 Jahren fränkische Landschaften durchwanderten.

Dies war möglich, da das Gebiet während der Eiszeit in einer eisfreien Zone zwischen dem nordeuropäischen und dem alpinen Vereisungsgebiet lag. Trotz des günstigeren Klimas werden sich die Menschen hier eher selten aufgehalten haben, obwohl die Landschaft durch ihren Fisch- und Wildreichtum eine ausreichende Nahrungsgrundlage bot. Versumpfte Auenwälder, gespeist von immer wiederkehrenden Überschwemmungen, Moorbildungen, öde Dünenzüge, trockene Kiefernwaldungen und dichte Urwälder erschwerten den Jägern und Sammlern das Leben.

Mit dem Beginn der letzten, der Würmeiszeit, nehmen die Siedlungsspuren zu. Ausgrabungen um Lichtenfels und Coburg, am Schwanberg in Unterfranken und in der Höhlenruine von Hunas (Gemeinde Pommelsbrunn, Lkr. Nürnberger Land) – hier fand man den ältesten menschlichen Überrest in Bayern, den Backenzahn eines Neandertalers – zeugen von der häufigeren Anwesenheit vorgeschichtlicher Menschen.

Die Fränkische Schweiz scheint zunächst als Siedlungsgebiet gemieden worden zu sein. Erst als der moderne Mensch (homo sapiens) um 35 000 v. Chr. den Neandertaler verdrängte, wurden die zahlreichen Höhlen und Felsüberhänge als Wohn- und Jagdrastplätze genutzt.

Mit dem Ende der Eiszeit (etwa 10 000 v. Chr.) veränderten sich die Siedlungsgewohnheiten der Menschen: Hatten sie bisher Höhlen favorisiert, suchten sie nun im feuchten Nacheiszeitklima bevorzugt sandige Untergründe auf, wie sie in Mittelfranken anzutreffen sind. Sie lebten in zelt- oder hüttenartigen Bauten, die meist nur für kurze Belegungen errichtet wurden. Das generelle Lebensbild dieser mittelsteinzeitlichen Menschen wandelte sich im Vergleich zur Altsteinzeit kaum, bis etwa vor 7000 Jahren eine der wichtigsten, wenn nicht die wichtigste Umgestaltung in der Entwicklung der vorgeschichtlichen Kulturen eingeleitet wurde.

Zuwanderer aus der Pannonischen Tiefebene brachten als Erste bäuerliches Gedankengut, das seine Wurzeln in den frühen Hochkulturen Vorderasiens hat, nach Franken. Nicht mehr umherziehendes Jagen und Sammeln bestimmte den Lebensrhythmus der Menschen in der Jungsteinzeit, sondern Ackerbau und Viehzucht. Sesshaft geworden, widmeten sie sich dem Hausbau und betrieben Vorratswirtschaft. Und sie schufen sich Gefäße aus gebranntem Ton, die mit bandschlingenartigen Mustern versehen wurden. Nach diesen Verzierungen nannte man sie Bandkeramiker. Sie siedelten auf den fruchtbareren Böden Mittelfrankens, aber auch am Main und auf den weniger günstigen Böden der Albhochflächen.

Mit der Glockenbecherkultur ging die Jungsteinzeit um 1800 v. Chr. zu Ende. Sie erhielt ihren Namen nach den reich verzierten Bechern, deren Umrisse an eine Glocke erinnern. Etwa 200 Jahre lang prägte sie West- und Mitteleuropa. Funde dieser Kultur sind in Franken nicht häufig. Dies mag damit zusammenhängen, dass die Glockenbecherleute hier vergeblich nach dem suchten, was sie veranlasst hatte, weit in Europa auszuschwärmen: Als Vorboten der kommenden Bronzezeit waren sie auf der Suche nach Metallen.

Kupfer, Zinn und Goldobjekte

In der Bronzezeit, die in Franken wohl erst um 1700 v. Chr. einsetzte, fand nach der Sesshaftwerdung des Menschen der nächste kulturhistorisch einschneidende Wandel statt: Werkzeuge, Waffen und Schmuck wurden nun aus einer Legierung von Kupfer und Zinn hergestellt. Die verzögerte Adaption des neuen Werkstoffs in fränkischen Gebieten erklärt sich aus dem Fehlen von Bodenschätzen. Und die meist nicht allzu ertragreichen Böden eröffneten kaum Möglichkeiten, Handelsgüter zu produzieren, die gegen kostbare Bronzegegenstände getauscht werden konnten. Die Erzvorkommen des Fichtelgebirges, die als willkommene Tauschbasis hätten dienen können, waren in der Bronzezeit noch unbekannt. So sind frühbronzezeitliche Funde in Franken eher selten.

Die Metalle Kupfer und Zinn oder die bereits fertige Legierung mussten von weither transportiert werden. Kupfer kam aus dem Alpenraum, aus dem Salzburger Land und aus Tirol, Zinn fand man in der Bretagne und auf den britischen Inseln. Die Folge war ein ausgedehnter Handel über große Teile Mittel- und Westeuropas. Nicht ohne Grund lebten die Menschen bevorzugt an verkehrsgünstigen Wasserläufen, die die Hauptlast des Warenverkehrs zu tragen hatten. Der Main spielte hier eine wichtige Rolle, kam doch ein Teil der Rohstoffe aus dem Westen, und viele fertige Bronzegegenstände wurden aus den Kulturzentren in Hessen und vom Mittelrhein importiert.

Zwar blieb auch in der Bronzezeit die wirtschaftliche Grundlage der Menschen Ackerbau und Viehzucht, doch das Ausbeuten von Rohstoffen und der Handel mit ihnen nahm eine immer stärker werdende Position ein. So konnten innerhalb des sozialen Gefüges Gruppen entstehen, die sich als „reiche" Oberschicht von den übrigen Mitgliedern ihrer Sippe absetzten. Die Notwendigkeit, die Quelle ihres Wohlstandes – nämlich die Kontrolle über die Kupfer- und Zinnhandelswege – zu hüten, und die Möglichkeit, wegen dieses Wohlstandes weniger begüterte Menschen in Abhängigkeit zu bringen, bildeten die Grundlage für eine völlig neue politische Entwicklung, in deren Verlauf sich eine Art Häuptlingstum oder Adel ausbilden konnte.

Die letzte bronzeführende Kultur, die sogenannte Urnenfelderkultur (1200 bis 800 v. Chr.) – benannt nach ihrer Sitte, die Toten zu verbrennen und in Urnen zu bestatten – stellte mit ihrem ausgeprägten Kriegeradel bereits einen Höhepunkt dieser Entwicklung dar. Angehörige der Kriegeraristokratie begannen, sich auf verteidigungsgünstigen Bergkuppen niederzulassen und dort vorerst noch mit Holz befestigte Burgen, später auch größere Siedlungen anzulegen, die als wirtschaftliche und politische Mittelpunkte die Umgegend dominierten. Solche Siedlungen existierten auf der Ehrenbürg bei Forchheim, dem Hesselberg in Mittelfranken oder dem Marienberg über Würzburg.

Eine besondere Form der bewehrten Höhenburg stellte die Heunischenburg bei Kronach (Oberfranken) dar. Ausgrabungen brachten auffallend viele Waffenfunde und eine ungewöhnlich starke Befestigung zutage. Die Heunischenburg war als Wehranlage und militärischer Brückenkopf angelegt worden. Sie diente dem Schutz einer Fernhandelsstraße oder/und als Grenzgarnison eines urnenfelderzeitlichen Stammesterritoriums. Die Burganlage gehörte als vorgeschobener Militärposten wahrscheinlich zu der etwa 70 km entfernten Siedlung auf dem Großen Gleichberg in Thüringen. Von hier aus wurden die Bewohner der Burg versorgt, bis sie nach zwei kriegerischen Auseinandersetzungen zu Beginn des 8. Jahrhunderts v. Chr. vertrieben wurden.

Über den Kult der bronzezeitlichen Menschen war zunächst wenig bekannt. Licht ins vorgeschichtliche Dunkel brachten die Funde ungewöhnlicher Goldobjekte, deren Bedeutung vor Kurzem entschlüsselt werden konnte.

Der Goldkegel von Ezelsdorf-Buch

Im Frühjahr 1953 stieß ein Arbeiter beim Baumstumpfroden am Südhang des Brentenberges bei Ezelsdorf (Lkr. Nürnberger Land) in einem halben Meter Tiefe auf einen goldglänzenden zuckerhutförmigen Metallkörper. Da er ihn behinderte, zerhackte der Mann den Gegenstand und warf die Bruchstücke in der Annahme, er habe nur Konservenblech vor sich, achtlos zur Seite. Stutzig wurde erst die Ehefrau des Finders. Sie legte ein kleines Stück einem Zahnarzt zur Bestimmung vor, der es als gediegenes Gold identifizierte. Glücklichen Umständen ist es zu verdanken, dass der Fund nicht zu Zahngold verarbeitet wurde, sondern auf Umwegen ins Germanische Nationalmuseum nach Nürnberg gelangte, wo die Reste zusammengesetzt sofort als Gegenstück des berühmten „Goldenen Hutes von Schifferstadt" erkannt wurden. Der fast 90 cm lange und nur 310 g schwere Hohlkörper von Ezelsdorf wurde in einem Stück aus Gold getrieben und mit einer Vielzahl von Motiven versehen, deren Qualität ihn deutlich vom Schifferstädter Kegel abhebt. Material, Form und Verzierung weisen eindeutig auf eine sakrale Verwendung hin.

Bis vor einigen Jahren ging man davon aus, dass die Goldkegel bei rituellen Feiern über Kultpfähle gestülpt wurden. Inzwischen steht unzweifelhaft fest, dass es sich um Hüte handelt, die von bronzezeitlichen Priesterkönigen eines Sonnenkultes getragen wurden. Die Ornamente sind nicht Schmuck oder Verzierung, sie geben die Sonnenreise wieder. Die Goldhüte hatten kalendarisch-astronomische Bedeutung, denn sie erlaubten eine präzise Darstellung der Sonnen- und Mondzyklen und dienten der Berechnung beweglicher und unbeweglicher Feste.

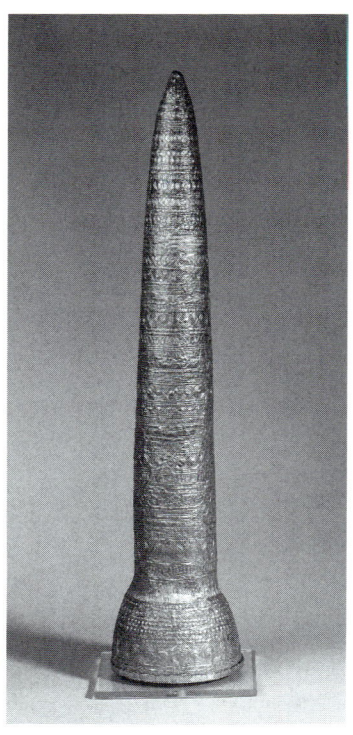

Der Goldkegel von Ezelsdorf-Buch wurde von bronzezeitlichen Priesterkönigen als zeremonielle Kopfbedeckung getragen. – Artefakt aus Goldblech, 10.–8. Jahrhundert v. Chr.

Eisen bringt Wohlstand

Im 8. Jahrhundert ging die Urnenfelderkultur und damit die über 1000-jährige Bronzezeit zu Ende. Sie hatte Franken eine stetige Bevölkerungszunahme und vielen der hier siedelnden

Menschen Wohlstand gebracht. Am Ende dieses Zeitraums kam es zu Kulturströmungen, die am Schwarzen Meer ansässige Reitervölker auslösten. Zu der Zeit als Rom gegründet wurde und Karthagos Aufstieg begann, brach in Mitteleuropa ein neues Zeitalter mit großen politischen und wirtschaftlichen Umwälzungen an. Getragen wurde es von einem neuen Werkstoff, dem Eisen. Archäologen unterteilen diese kulturhistorisch gänzlich neue Epoche in die Hallstatt- (etwa 700 bis 450 v. Chr.) und die Latènezeit (450 v. Chr. bis gegen Christi Geburt).

Wie in den übrigen vorgeschichtlichen Epochen bildete der oberfränkische Raum während der Eisenzeit eine kulturelle Einheit. Steigerwald, Haßberge, Frankenwald und Fichtelgebirge stellten eine natürliche Grenze dar und öffnen das Gebiet nach Südosten, der Oberpfalz und Böhmen zu. Die Beziehungen reichten bis in das österreichisch-slowakisch-ungarische Grenzgebiet.

In den unter- und mittelfränkischen Gebieten herrschten dagegen südwestliche Einflüsse vor. Dies belegen Funde aus Großgrabhügeln mit bis zu 90 m Durchmesser, die als Fürstengräber bezeichnet werden. Die gesamte Region profitierte vom Fernhandel, der von Massilia (Marseille, eine Gründung der griechischen Phokäer) über die Rhône, Baden-Württemberg bis in den unterfränkischen Raum reichte. Die wohlhabenden Sippenoberhäupter, die sich mit Luxusgütern aus dem mediterranen Raum umgaben, lebten auf stark befestigten Höhenburgen, wie auf dem Würzburger Marienberg, und demonstrierten ihren Reichtum und die daraus resultierende Machtfülle durch riesige Begräbnisstätten. In Repperndorf (Stadt Kitzingen) wurde einer dieser Großgrabhügel nachgewiesen. Ihren Wohlstand hatte die Oberschicht dem Eisen, das auch aus Erzvorkommen des Steigerwaldes oder der Fränkischen Alb stammte, zu verdanken. Es wurde in großem Umfang zu Waffen und Werkzeugen, also wichtigen Tauschgütern, verarbeitet und bildete so die wirtschaftliche Basis für die Adelssippen Westfrankens.

Der östliche Teil des Frankenlandes konnte hier nicht mithalten. Noch immer kannte man zu wenige Fundstätten von

Bodenschätzen, Tauschobjekte blieben Mangelware und die Ausrichtung auf den südöstlichen Raum, dem der Zustrom von Luxusprodukten fehlte, schlossen Oberfranken vom Reichtum des übrigen Franken aus.

Die Kelten

Die Eisenzeit ist die erste vorgeschichtliche Epoche, die man mit ziemlicher Sicherheit einer bestimmten Volksgruppe zuweisen kann. Die Wissenschaft ist sich weitgehend einig, dass die Menschen der späten Hallstatt- und der Latènezeit Kelten waren. Die Kontinuität zeigt sich deutlich in der Nutzung der Friedhöfe, der Schachthöhlen, die kultischen Zwecken dienten, und der Höhenburgen. Es fand keine Überformung durch einen neuen Kulturkreis statt. Die Funde auf der Houbirg bei Happurg (Lkr. Nürnberger Land) oder auf dem Staffelberg (Lkr. Lichtenfels) belegen dies zweifelsfrei.

Trotz archaischer kultischer Handlungen – Menschenopfer waren üblich – hatten die frühlatènezeitlichen Menschen eine bemerkenswerte Zivilisationsstufe erreicht. Für das 5. Jahrhundert v. Chr. lässt sich in den fränkischen Gebieten eine Phase besonderer wirtschaftlicher Blüte nachweisen. Handwerkliche Produkte – Keramik und Schmuck – zeichneten sich durch beachtliche Qualität aus. Die Menschen lebten jetzt nicht nur auf befestigten Höhen, sondern auch in offenen Siedlungen, wobei die wichtigen Bronze- und Eisenschmieden in stark bewehrten Zentren, wie dem auf der Ehrenbürg bei Forchheim, ansässig waren. Derartige Siedlungen wurden nun zu Großzentren mit städtischem Gepräge ausgebaut.

Im 4. Jahrhundert v. Chr. änderte sich das Bild gründlich. Die Burgen wurden verlassen, allerdings nicht überall gleichzeitig. Zu den zuerst aufgegebenen Befestigungen gehörte die Houbirg, später folgten die Siedlungen auf dem Staffelberg und auf der Ehrenbürg, beide wurden durch Brand zerstört. In Unterfranken endete die Besiedlung deutlich später. Um 400 v. Chr. wurde zwar die befestigte Höhensiedlung auf dem Kleinen Knetzberg (Lkr. Haßberge) aufgegeben, doch etwa gleichzeitig legte man in der Volkacher Mainschleife eine neue

Siedlung an. Noch in der 1. Hälfte des 4. Jahrhunderts v. Chr. gab es im Gebiet um Schweinfurt eine außerordentlich dichte Besiedlung.

Das Auflassen der Befestigungsanlagen und ein Wandel in der Bestattungssitte – Grabhügel wurden durch Flachgräber ersetzt – lassen auf tiefgreifende Veränderungen im sozialen und politischen Gefüge schließen. Franken war in den Sog der Keltenwanderungen geraten, der weite Teile Europas erfasste und die Region, besonders Oberfranken, nahezu entvölkerte. Erst in der Mitte des 2. Jahrhunderts v. Chr. kam es zu einer neuen, sehr dichten Aufsiedlung fränkischer Gebiete. Anders als in der Frühlatènezeit mieden die spätkeltischen Neusiedler die Mittelgebirge und bevorzugten das Main-Regnitztal mit seinen unmittelbar angrenzenden Höhenzügen. Die Menschen lebten nun in Großsiedlungen zusammen, in sogenannten „oppida", oder sie ließen sich in Einzelgehöften und kleineren Weilern nieder.

Das durchstrukturierte Wirtschaftssystem der Kelten mit seinen weit verzweigten Handelsbeziehungen innerhalb ganz Europas und seinen komplexen Produktionsweisen ist ohne Münzverkehr nicht denkbar. Auch wenn der Tauschhandel mit Vieh, Fellen oder Menschen – Sklavenhandel war ganz selbstverständlich – nicht zum Erliegen kam und gewichtsmäßig genormte Eisenbarren und Salzkuchen weiter ihren festen Verkehrswert hatten, waren nach antikem Vorbild geprägte Silber- oder Goldmünzen nicht nur Zeichen zivilisatorischen Fortschritts, sondern reale Wirtschaftsfaktoren, die den „internationalen" Warenaustausch erleichterten.

Dass sich diese hoch entwickelte spätkeltische Bevölkerung in einem latenten Gefahrenzustand befand, zeigt der Schatzfund von Neuses (Lkr. Forchheim). Er bestand aus einem Tongefäß mit 430 Silbermünzen und vier so genannten Regenbogenschüsselchen (Goldmünzen). Der größte Teil der Silbermünzen kam prägefrisch in den Boden, er war nie im Umlauf. In unmittelbarer Umgebung des Hortes gab es keine weiteren gleichzeitigen Funde. Dies kann nur bedeuten, dass man hier den Ortsschatz vergraben hatte, um ihn vor unrechtmäßigem Zugriff zu schützen. Derjenige, der ihn der Erde anvertraut hatte, wird wohl bei kriegerischen Auseinandersetzungen sein Leben verloren haben oder er wurde aus seiner Heimat vertrieben. Dies dürfte Mitte des 1. Jahrhunderts v. Chr. geschehen sein, denn zu dieser Zeit endete die letzte keltische Besiedlungsphase im fränkischen Raum.

Das Ende wurde sicherlich durch die Landnahme elbgermanischer Stämme eingeleitet. Inwieweit diesem Vordringen Wanderbewegungen innerhalb des keltischen Siedlungsraumes vorangegangen waren, bleibt unklar. Die verheerenden Züge der Cimbern und Teutonen am Ende des 2. Jahrhunderts v. Chr. bildeten in jedem Fall das spektakuläre Vorspiel für gut ein halbes Jahrtausend ständiger Unruhe und Bewegung in Mitteleuropa. Ob die zuwandernden Germanen gezielt die keltischen Mittelpunktsiedlungen besetzten und so die Machtzentren ausschalteten, ist nicht geklärt. Im Fall des einzigen Oppidums in Oberfranken auf dem Staffelberg kann dies definitiv verneint werden. Es war bereits aufgegeben worden, als sich die ersten Germanen am Fuß des Berges niederließen.

Menosgada: ein Oppidum am Obermain

Der wohl bekannteste Berg Frankens – besungen im Lied der Franken von Victor von Scheffel – ist der bei Bad Staffelstein am Obermain gelegene Staffelberg. Er erfüllt die Voraussetzungen für eine vorgeschichtliche Höhensiedlung perfekt. Das 3 ha große Hochplateau wurde von der beginnenden Jungsteinzeit bis Ende des 11. Jahrhunderts v. Chr. besiedelt. Danach gab man die Höhensiedlung auf. Erst gegen Ende der Hallstattzeit, zwischen 550 und 480 v. Chr., siedelten sich wieder Menschen auf dem Hochplateau an.

Der Ausbau zu einer keltischen Burg begann etwa ab 480 v. Chr. Gut hundert Jahre später brannte die das obere Maintal beherrschende Festung ab. Für 200 Jahre blieb der Berg unbesiedelt. In der 1. Hälfte des 2. Jahrhunderts v. Chr. zogen erneut keltische Siedler auf das Gipfelplateau und bauten es zu einer stark umwehrten Akropolis aus. Auf der tiefer gelegenen, etwa 50 ha großen Hochfläche wurden nun ebenfalls Häuser errichtet und mit einer gut 3 km langen und 3 m hohen Mauer umgeben. Die bis ins letzte Detail planerisch durchdachte Architektur der Befestigungsanlage, die Dichte der Besiedlung, die Sonderstellung der Akropo-

Der prominenteste Berg Frankens, der Staffelberg, war ab der Jungsteinzeit besiedelt. Die Kelten bauten hier die mächtige Siedlung „Menosgada".

lis als Adelssitz und die Hinweise auf Goldmünzprägungen machen aus dem Oppidum ein politisches und wirtschaftliches Zentrum einer Großregion. Die beachtliche Einflusszone wird deutlich, betrachtet man die Entfernung zu den nächsten Großsiedlungen: 50 km nordwestlich die Steinsburg bei Römhild in Thüringen, 140 km südöstlich der Michelsberg bei Kelheim, 150 km südlich das im Flachland angelegte Oppidum Manching, 100 km südwestlich Finsterlohr in Nordbaden.

Die mächtige Siedlung fand ihren historischen Niederschlag: Der Geograf Claudius Ptolemäus aus Alexandria (85–160 n. Chr.) erwähnte sie als „oppidum Menosgada" (menos = moenus = Main). In der 2. Hälfte des 1. Jahrhunderts v. Chr. wird Menosgada aufgegeben. Es gibt keine Hinweise auf ein gewaltsames Ende des großen keltischen Oppidums auf dem Staffelberg. Vieles spricht für einen wirtschaftlichen Zusammenbruch, hervorgerufen durch die römische Expansionspolitik und die Bedrohung durch die Germanen.

23

Germanen und Römer in Franken

Das erste Auftreten germanischer Siedlergruppen in Franken dürfte in die Zeitspanne zwischen der römischen Eroberung Galliens und dem Ende der Expansionspolitik Kaiser Augustus' fallen. Mit einiger Sicherheit kann von suebisch-markomannischen Neusiedlern ausgegangen werden. Die römischen Vorstöße – ein in Marktbreit am Maindreieck entdecktes Legionslager zeugt von der römischen Präsenz im germanischen Siedlungsgebiet – zwangen die Bewohner Mainfrankens schließlich, nach Osten auszuweichen. Nach dem Abzug der Markomannen unter ihrem Führer Marbod († 37 n. Chr.) Richtung Böhmen scheint es zu zahlreichen Bevölkerungsverschiebungen gekommen zu sein, ehe der Ausbau des Limes eine gewisse Stabilisierung bewirkte. Dass es trotz der unbeständigen Lage kontinuierlich bewohnte Siedlungsplätze gab, zeigen die Gräberfelder in Altendorf bei Bamberg und in Kleinlangheim (Lkr. Kitzingen), die von der Zeitenwende bis zum Beginn des 5. Jahrhunderts n. Chr. fortwährend belegt wurden.

In der frühen Kaiserzeit gehörte das nördliche Franken zum Verbreitungsgebiet der so genannten Großromstedter Kultur, benannt nach einem Gräberfeld östlich von Weimar. Der Süden Frankens dagegen geriet in den unmittelbaren Einflussbereich Roms. Um 90 n. Chr. stießen römische Truppen über die keltische Fortsetzung der Via Claudia Augusta bis zum Hesselberg vor. Weitere Truppenkontingente überquerten oberhalb der Altmühl die Alb, drangen bis zum Wülzberg bei Weißenburg (Mittelfranken) vor und errichteten hier in der Nähe einer ehemaligen Keltensiedlung das Kastell *Biriciana*. Der Machtbereich erstreckte sich bis etwa Gunzenhausen, dem nördlichsten Punkt des späteren Limesbogens. Das Gebiet nördlich der Linie Pleinfeld, Gunzenhausen, Dambach scheint die Römer nicht mehr interessiert zu haben. Wälder, Seen und Sümpfe machten es zu einem unwirtlichen Land. Das römische Franken existierte bis etwa 250 n. Chr., als im Zuge der Alemanneneinfälle der obergermanisch-raetische Limes fiel. Das ehemals römische Land lag jetzt offen für eine Neubesiedlung.

Da die naturräumlichen Gegebenheiten günstig waren und

Die Römer errichteten in der Nähe einer ehemaligen Keltensiedlung das Kastell „Biriciana" (Weißenburg).

die römische Infrastruktur zumindest rudimentär erhalten blieb, konnten sich spätestens zu Beginn des 4. Jahrhunderts germanische Siedler hier niederlassen. Woher sie kamen – aus den direkt benachbarten Landstrichen oder aus den übrigen Gebieten der „Germania magna" – lässt sich archäologisch nicht nachweisen. In jedem Fall erfolgte die Landnahme planmäßig und war herrschaftlich organisiert. Befestigte Höhensiedlungen, wie die Anlage auf der Gelben Bürg bei Dittenheim (Lkr. Weißenburg-Gunzenhausen), kontrollierten die neu besiedelten Gebiete und dienten der Bevölkerung des flachen Landes als Zufluchtsstätten und Verteidigungspunkte.

Gauburgen

Neben der Gelben Bürg gab es in Franken weitere dieser Gauburgen: auf dem Turmberg bei Kasendorf (Lkr. Kulmbach), dem Staffelberg, dem Reißberg bei Burgellern (Lkr. Bamberg), auf der

Ehrenbürg oder der Houbirg. Wie ein Kranz reihen sich die Höhen-
festungen vom oberen Maintal am Albrand entlang bis weit nach
Südwestdeutschland. Auch in Unterfranken finden sich solche
Befestigungsanlagen: Vom Marienberg bei Würzburg und von der
Vogelsburg bei Escherndorf (Lkr. Kitzingen) sind charakteristische
Funde bekannt. Besonders die Wettenburg in der Mainschleife bei
Urphar (Lkr. Main-Spessart) scheint dominierend für das umlie-
gende Gebiet gewesen zu sein.

Der Errichtung dieser Befestigungsanlagen musste ein strate-
gischer Plan zugrunde liegen. Wer die Planer waren, bleibt im
Großen und Ganzen im Dunkeln. Die ethnische Zugehörigkeit
der Bewohner der fränkischen Gauburgen konnte die Archäo-
logie – mit einer Ausnahme – nicht klären: Die Wettenburg
dürfte burgundischen Ursprungs gewesen sein. Das Fundmate-
rial dieser Festung lässt vermuten, dass hier eine Militäreinheit
saß, die den Grenzbereich zwischen dem römischen Gebiet und
dem freien Teil Germaniens absicherte.

Spätestens um 500 n. Chr. waren die Gauburgen zerstört.
Das galt nicht nur für die fränkischen Anlagen, sondern auch
für die weiter entfernten alemannischen Burgen, wie den Run-
den Berg bei Bad Urach in Württemberg. Welches Ereignis diese
flächendeckende Katastrophe herbeiführte, ist weder archäologisch fassbar, noch historisch überliefert.

Die Frage, wie es den Siedlungen im offenen Land erging,
kann gleichfalls nicht beantwortet werden. Im Obermaingebiet
und im Regnitztal gibt es jedenfalls von der Zeit um 400 an
kaum mehr Grabfunde. Genauso kann die germanische Besiedlung des ehemaligen Limeshinterlandes in Mittelfranken nur
spärlich nachgewiesen werden. Dies muss jedoch nicht zwangsläufig bedeuten, dass die fränkischen Gebiete entvölkert waren.

Die spätantike Geschichtsschreibung kann das Dunkel, das
über Franken während der Völkerwanderungszeit liegt, kaum
erhellen. Die Angaben sind schwammig und ungenau, wie
schon die Ausführungen zum 1. Jahrhundert n. Chr. zeigen:
Hermunduren sollen um die Zeitenwende in der ehemaligen
„Marcomannia" angesiedelt worden sein. Wo jedoch die Marcomannia im Raum zwischen Main und Donau zu lokalisieren

26

ist, bleibt offen. Nach römischen Quellen lebten während des 3. und 4. Jahrhunderts in Süddeutschland vorwiegend Alemannen, Juthungen – sie werden als starke und seit Langem ansässige Stämme bezeichnet – und Burgunder. Ab der Mitte des 3. Jahrhunderts waren Letztere vermutlich an Mittel- und Untermain beheimatet und führten gegen Alemannen und Römer Krieg, bis sie um etwa 400 n. Chr. den Rhein überschritten und das Reich von Worms gründeten. An ihrer Stelle scheinen Alemannen das westliche Unterfranken eingenommen zu haben, denn ein nicht namentlich bekannter Geograf berichtet, dass Aschaffenburg (oder Mainaschaff) und Würzburg *civitates* (Städte, Zentralorte) der Alemannen gewesen seien.

Die Züge der Sueben und Vandalen, die zu Beginn des 5. Jahrhunderts plündernd durch Gallien auf die Iberische Halbinsel marschierten, berührten auch den süddeutschen Raum und könnten die Ursache für die Zerstörung der fränkischen und württembergischen Gauburgen und für das Auflassen der jahrhundertelang belegten Friedhöfe im Main-Regnitz-Gebiet gewesen sein. Einen Niederschlag in den historischen Quellen fanden die für die Bewohner Frankens katastrophalen Ereignisse nicht.

Die günstige Situation – die fränkischen Lande waren vermutlich nicht menschenleer, aber sicher siedlungsarm und wohl herrschaftslos geworden – nutzten die Thüringer, erstmals um 400 n. Chr. als „toringi" erwähnt, und weiteten ihre Einflusssphäre vom Mittelelbgebiet bis an die Donau aus. Die archäologischen und historischen Quellen sind nicht allzu üppig, trotzdem darf es als sicher gelten, dass der größte Teil Frankens im 5. Jahrhundert zum Reich der Thüringer gehörte.

Der thüringische König Hermenefred erhob noch zu Beginn des 6. Jahrhunderts Anspruch auf das Land bis zur Donau. Er vermählte sich mit Amalaberga, der Nichte des mächtigen Gotenkönigs Theoderich, der mit einer ausgeklügelten Bündnis- und Heiratspolitik germanische Fürsten an sich band. Die politische Heirat besiegelte eine gotisch-thüringische Allianz gegen die neue Bedrohung aus dem Westen: Die Franken kamen.

Franken wird fränkisch

Wer waren die Franken?

Die ersten Nachrichten über die Franken stammen aus der Mitte des 3. Jahrhunderts. Germanische Einzelstämme hatten sich zu einem Bund zusammengeschlossen und wurden in römischen Quellen als Franken *(franci)* bezeichnet, als die Kühnen, Mutigen, Ungestümen. Zu diesen Stämmen gehörten die Salier, Brukterer, Sugambrer, Tenkterer, Chattuarier oder Chamaver. Ihre Wohnsitze lagen großenteils links des Niederrheins. So siedelten die Brukterer im Vorland Kölns, die Chattuarier in der Umgebung Xantens oder die Chamaver in der Nähe des holländischen Nijmegen. Die Salier stammten wohl aus weiter östlich oder nordöstlich gelegenen Gebieten. Sie waren von den Sachsen vertrieben worden und an den Rhein gezogen.

Bis zum Beginn des 4. Jahrhunderts drangen immer wieder fränkische Truppen nach Gallien vor und richteten links des Rheins erhebliche Zerstörungen an. Teilen der Salier gelang es um die Mitte des 4. Jahrhunderts, sich in Nordbrabant (Toxandrien) festzusetzen. Sie wurden Bundesgenossen (Foederaten) Roms. Am Ende des 4. Jahrhunderts diente eine beträchtliche Zahl fränkischer Krieger als Söldner im römischen Heer, im Norden Frankreichs und in Belgien erhielten sie Siedlungsland zugeteilt. Ab der Wende zum 5. Jahrhundert ließen sich schließlich salische Franken dauerhaft in der römischen Provinz Germania II, etwa zwischen Lüttich und Tournai, nieder. Sie standen unter der Herrschaft von Kleinkönigen aus der Dynastie der Merowinger.

Zu den ersten namentlich bekannten Königen aus dieser Familie gehörte Merowech (um 450), nach dem das Königsgeschlecht seinen Namen erhielt. Einem Enkel Merowechs, Chlodwig I. († 511), gelang es, die Reste der römischen Herrschaft in Gallien zu beseitigen und zum Alleinherrscher im Reich der Franken aufzusteigen. Seiner rücksichtslosen Machtpolitik fielen zahlreiche Kleinkönige zum Opfer. Doch nicht nur sie mussten die Vorherrschaft der Merowinger anerkennen: Die Alemannen wurden in mehreren Auseinandersetzungen Ende des 5. und zu Beginn des 6. Jahrhunderts vernichtend geschlagen, ihr Land dem Fränkischen Reich einverleibt. Wenige Jahre später, zwischen 529 und 534, erlitten die Thüringer dasselbe Schicksal, ihr Reich ging im fränkischen Machtapparat auf. Die letzte große Etappe der fränkischen Expansion erfolgte im Jahr 536, als der ostgotische König Wittiges die Herrschaft über die nordalpinen Provinzen an die Franken abtrat. Nun konnte der fränkische König Theudebert I. († 547) an den oströmischen Kaiser Justinian I. schreiben: „Von den Gestaden des Ozeans bis zur Grenze Pannoniens (Österreich/ Ungarn) entlang der Donau ist mit Gottes Schutz unsere Herrschaft errichtet." Das Fränkische Reich war zur zentralen Macht im frühmittelalterlichen Europa geworden.

Das obige Zitat zeigt nicht nur Theudeberts umfassenden Machtanspruch, es gibt auch Auskunft darüber, dass der Frankenkönig Christ war. Chlodwig I., der Großvater Theudeberts, hatte sich Ende des 5. Jahrhunderts in Reims taufen lassen. Bei einer Synode in Orléans war die zukünftige Stellung der katholischen Kirche als Staatskirche im Fränkischen Reich festgelegt worden. Missionarische Tendenzen hatten die Franken allerdings nicht.

Die „Frankisierung" Mainfrankens

Die „Frankisierung" Frankens war ein vielschichtiger Prozess, der wohl zwei Jahrhunderte andauerte. Chlodwig I. bemächtigte sich zunächst des Untermaingebietes, als er Ende des 5./ Anfang des 6. Jahrhunderts die Alemannen unterwarf. Die Einnahme dieses strategisch wichtigen Landstrichs verschaffte ihm eine gesicherte Position, um weiter nach Osten zu expandieren. Chlodwigs Sohn Theuderich I. († 533), dem bei der Teilung des väterlichen Erbes das Ostreich (Austrien) zugefallen war, baute mit seinem Sieg über die Thüringer das Herrschaftsgebiet weiter aus, ohne dass es zu einer umfassenden fränkischen Landnahme kam.

Es zogen also keinesfalls Scharen von Kriegern und Siedlern in das zu 95 Prozent mit Urwald bedeckte Land, um die Bevölkerung zu vertreiben und das Gebiet in Besitz zu nehmen. Das nördliche Bayern wurde eher zu einer Pufferzone im äußersten Osten des Frankenreichs. Hier war eine Herrenschicht alemannischer und thüringischer Herkunft ansässig, in deren Abhängigkeit Bauern lebten. Daneben gab es zweifellos freie Bauern, aber ebenso leibeigene Sklaven, insgesamt eine sozial differenzierte Bevölkerung, die auch nach der fränkischen Eroberung in der Heimat verblieb und so die Bildung einigermaßen stabiler Verhältnisse begünstigte.

Die eroberten Gebiete waren zunächst Königsgut, bis sie an Gefolgsleute der Merowinger verliehen oder verschenkt wurden. Vermutlich fiel diesen die Aufgabe zu, Stützpunkte zu errichten, die „Verwaltung" zu übernehmen, Steuern in Form von Abgaben einzuziehen und Handel und Wirtschaft voranzubringen. Die Frage, wie wir uns die beginnende fränkische Herrschaft vorzustellen haben, welche Machtinstrumente zur Verfügung standen und welchen Völkerschaften die neuen Herren von merowingischen Gnaden angehörten, lässt sich nicht mit Sicherheit beantworten. Die Franken selbst stellten ohne Zweifel die Oberschicht dar, die sich auf Gruppen aus anderen germanischen Stämmen stützte. Das Gebiet wurde zu einem Schmelztiegel unterschiedlicher ethnischer Gruppen.

Noch im Laufe des 6. Jahrhunderts begann nach archäologischen Befunden und den Ergebnissen der Ortsnamenforschung die planmäßige fränkische Aufsiedlung des Gebietes. Sie setzte in der Untermainregion ein und folgte zunächst den alten Fernwegen in West-Ost-, später in Nord-Süd-Richtung. Vorangetrieben wurde die Siedlungsbewegung von adeligen Personengruppen, die mit dem König in engem Kontakt standen. Die Abgesandten der Merowinger konnten an Ortsnamen mit dem Grundwort -heim und einem Personennamen als Bestimmungswort festgemacht werden. Bei diesen und ebenso bei den -heim-Orten mit der Angabe einer Himmelsrichtung handelt es sich vermutlich um die ersten fränkischen Plansiedlungen, die im Besonderen im Maingebiet und im südlichen Mittelfranken konzentriert waren. Zu diesen Orten gehören Müdesheim

(Lkr. Main-Spessart), Gelchsheim (Lkr. Würzburg), Seinsheim (Lkr. Kitzingen) oder Westheim (Lkr. Weißenburg-Gunzenhausen). Am Maindreieck und im Vorland des Steigerwaldes entstanden solche Orte bis zum Ende der Merowingerzeit (von etwa 450 bis 751) in großer Zahl. Der östlichste -heim-Ort, Eggolsheim, liegt zwischen Bamberg und Forchheim.

Die fortschreitende Kolonisation hatte die wichtigen Verkehrswege durch die Rhön nach Norden, wohl mitsamt den dortigen Salzquellen, in fränkische Hand gebracht. In der 2. Hälfte des 6. Jahrhunderts waren die Franken schließlich auf die Flüsse Wörnitz und Altmühl gestoßen. Die in dieser Region, dem Sualafeld, liegenden Reihengräberfelder von Westheim und Dittenheim weisen eine besonders große Zahl fränkischer Kulturelemente auf.

Über den Main und seine Nebenflüsse wurde die Region allmählich weiter erschlossen. Im 7. Jahrhundert rückten fränkische Siedler bis zum Obermainbogen und an die Regnitz vor. Hier konnte an die alten Zentren um Staffelberg und Ehrenbürg angeknüpft werden. Diese zweite Besiedlungswelle diente nicht nur der weiteren Expansion, sondern ebenso der Festigung bestehender Machtverhältnisse. Sicherlich ist sie im Zusammenhang mit der an der Ostflanke Mainfrankens entstehenden Slawengefahr zu sehen. Sie dürfte zu einer stärkeren Einbindung des Landes am Main in das ostfränkische Reich geführt haben.

Der Grenzbereich musste nun durch die Anlage von Burgen gesichert werden. Funde aus den Befestigungsanlagen lassen vermuten, dass die Burgbewohner aus dem linksrheinisch-fränkischen Reichsgebiet stammten. Die strategisch günstig gelegenen Höhensiedlungen – auf dem Judenhügel bei Kleinbardorf, auf dem Schwanberg bei Iphofen, beide Unterfranken, oder dem Staffelberg in Oberfranken – lagen an wichtigen Fernverbindungswegen. So verlief die Straße von Würzburg nach Thüringen am Fuß des Judenhügels, des nordwestlichsten Ausläufers der Haßberge.

Die planmäßige Besiedlung Frankens durch das Königtum und den von ihm beauftragten „Adel" erforderte ein beträchtliches Maß an Organisation. Das neu erschlossene Land wurde deshalb in Gaue eingeteilt, die, meist nach einem Gewässerlauf benannt, zunächst nur kleinräumige Siedlungslandschaften erfassten und erst später die jeweiligen Verwaltungseinheiten bezeichneten (Werngau, Iffgau oder Rangau).

Die Neusiedler hatten die klassischen Altsiedellandschaften, Flusstäler und fruchtbare Gäuhochflächen, bevorzugt. Auf den sandigen Böden Mittelfrankens fehlen dagegen weitgehend Siedlungsspuren. Dass auch große Teile Oberfrankens, von der Fränkischen Schweiz zum Fichtelgebirge und Frankenwald, weitgehend frei von fränkischen Ansiedlungen blieben, hatte einen plausiblen Grund: Hier siedelten Slawen.

„Terra Sclavorum": Slawen in Franken

Seit der 2. Hälfte des 6. Jahrhunderts gefährdeten Awaren und Slawen die östlichen Teile des Merowingerreiches. Dies führte bald zu einer Verlagerung des politischen Schwerpunktes nach Osten. Die kriegerischen Auseinandersetzungen mit den aggressiven Nachbarn wurden schließlich mit einem teuren Friedensschluss beendet: Über ein Drittel des Territoriums des ehemaligen Thüringerreiches musste preisgegeben werden. Der Weg wurde frei für einwandernde Slawen *(sclavi)*.

Die slawische Besiedlung Frankens begann nach der Mitte des 7. Jahrhunderts. Slawengründungen schließen sich am östlichen Maindreieck Richtung Steigerwald unmittelbar an fränkische -heim-Orte an. Weiter nördlich umgeben sie das Grabfeldgebiet und vereinen sich südlich des Thüringer Waldes mit einer größeren Gruppe solcher Gründungen auf thüringischem Terrain. Die Mehrheit der Orte mit rein slawischen Namen waren Kleinsiedlungen in den eher siedlungsungünstigen Randlagen Oberfrankens, wie Schorgast, Leugast, Trebgast (Lkr. Kulmbach). Aber auch in günstigeren Gegenden wurden die Ostzuwanderer sesshaft. Im Obermaingebiet finden sich zwei Siedlungskammern, ebenfalls mit rein slawischen Namen: im Landkreis Bamberg Kemmern–Seilitz–Kreidlitz und im Landkreis Lichtenfels Schwürbitz–Marktzeuln–Zettlitz–Redwitz.

Nicht rein slawisch sind die Ortsnamen mit dem Grundwort

-wind(en), das Wende = Slawe bedeutet. Bei diesen Orten, wie Etlaswind (Lkr. Forchheim), dürfte es sich um ursprünglich slawische Gründungen handeln, die in fränkische Abhängigkeit geraten waren, oder aber um Neugründungen durch zwangsumgesiedelte Slawen, die in den weniger fruchtbaren Grenzbereichen zu Kolonisationsdiensten eingesetzt wurden. Die Ortsbezeichnungen enthielten häufig den Namen des jeweiligen Grundherrn: Geiselwind = bei den Wenden des Gisilio.

In Oberfranken findet sich eine Vielzahl von Orts- und Gewässernamen (Ölschnitz, Fölschnitz), die eindeutig erkennen lassen, dass Wenden/Slawen eine Rolle bei der Besiedlung des Gebietes spielten. Es ist jedoch ausgeschlossen, dass größere zusammenhängende Gebiete von slawischen Siedlern bewohnt oder gar von einem slawischen Stamm oder einer vergleichbaren politischen Einheit beherrscht wurden. Die Siedlungsgefilde waren kleinräumig, oft lag im Zentrum eine dominierende Burg, wie im Klotzgau (kl'uc = Quelle) nordöstlich von Bamberg, der sich über ein Gebiet von knapp 5 km im Durchmesser erstreckte.

Dem Merowingerkönig Dagobert I. († 638/39) gelang es nicht, der in Böhmen sitzenden Stämme unter ihrem talentierten Führer Samo Herr zu werden. Die Schwierigkeiten im östlichen Randbereich des Reiches verstärkten sich nicht nur durch das ungelöste Slawenproblem, sondern ebenso durch das Erstarken fränkischer Adelsgruppen im Maingebiet und in Thüringen. Hier galt es einen Riegel vorzuschieben. Dagobert setzte deshalb einen Herzog als königlichen Herrschaftsträger ein. Dessen Machtbereich erstreckte sich mit großer Wahrscheinlichkeit sowohl auf thüringische, als auch auf mainfränkische Lande.

Herzöge in Franken: die Hedene

Über die Bildung des thüringischen Herzogtums, des „ducatus Thoringiae", berichtet die wichtigste Geschichtsquelle des 7. Jahrhunderts, die Fredegar-Chronik: König Dagobert vertraute die Führung im Herzogtum dem „dux" (Herzog) Radulf zu der Zeit an (um 635), als die Reichsgewalt östlich des

Rheins deutlich geschwächt war. Slawische Krieger bedrohten Thüringen und das Obermainland, gefährdeten also fränkische Territorien und ließen ein weiteres Vordringen nach Westen befürchten. Das Gebiet konnte nur durch Truppen geschützt werden, die im bedrohten Gelände stationiert waren und von einem tüchtigen Feldherrn befehligt wurden.

Radulf, sicher aus fränkischem Adel, zog in mehreren Schlachten erfolgreich gegen die Slawen, schloss Verträge mit ihnen und brachte sie in ein loses Abhängigkeitsverhältnis. Mit den Erfolgen wuchsen die Macht des Herzogs und sein Streben nach Unabhängigkeit, schließlich wandte er sich gegen die fränkische Oberhoheit und war auch hier militärisch erfolgreich. Fredegar schrieb, Radulf habe sich verhalten, als sei er König in seinem Einflussbereich.

Dieser Stachel im Fleisch des Merowingerkönigs wurde von manchen Historikern mit dem ersten bekannten Herzog in Mainfranken, Hruodi, gleichgesetzt und zum Stammvater der mainfränkisch-thüringischen Herzöge gemacht. Doch es ist eher zu vermuten, dass der Frankenkönig angesichts der Aufsässigkeit und Anmaßungen Radulfs ein Gegengewicht schaffen wollte und einen eigenen „dux" im Maingebiet einsetzte, wohl unter Abtrennung ursprünglich thüringischer Herrschaftsbereiche. Dagobert übergab dem neuen Amtsherzog den zentralen Verkehrsort des Mainlandes, das unweit thüringischer Siedlungen liegende „Virceburch" (Würzburg) als Hauptsitz.

Die Namen der Herzöge des 7. und beginnenden 8. Jahrhunderts im mainfränkischen Raum sind bekannt: Herzog Hruodi folgte sein Sohn Heden (Hetan) der Ältere. Dieser hatte mindestens zwei Söhne, überliefert ist nur der Name eines Sohnes, nämlich Gozbert. Gozbert wiederum war der Vater des letzten Herzogs, Heden des Jüngeren.

Die Macht der Hedene erreichte an der Wende vom 7. zum 8. Jahrhundert offenbar ihren Höhepunkt. Sie standen solidarisch zu den weit entfernten fränkischen Königen, besser Schattenkönigen, und lehnten die karolingischen Hausmeier (Verwalter), die die Macht an sich rissen, entschieden ab, zumal diese keinen höheren sozialen Status aufzuweisen hatten als die mainfränkischen Herzöge selbst.

34

Die Nachfolger Hruodis scheinen tatkräftige Männer gewesen zu sein, die es verstanden, sich gegen den fränkisch-thüringischen Grundbesitzeradel durchzusetzen und ihren Herrschaftsbereich bis an den Untermain auszudehnen. Heden der Jüngere verfügte zudem über beträchtlichen Besitz in Thüringen und war vermutlich dort ebenfalls als Herzog eingesetzt.

Das letzte Zeugnis Hedens des Jüngeren, der als Klostergründer und erster Kirchenorganisator in die Geschichte Mainfrankens einging, ist eine Urkunde aus dem Jahr 716. Danach verliert sich die Spur der Hedene. Die Gründe für das plötzliche Ende des Herzogtums – die Familie war keinesfalls ausgestorben – liegen im Dunkeln. Wahrscheinlich wandte sich die fränkische Führungsschicht gegen die Fortdauer eines selbstständigen Herzogtums. Als Karl Martell († 741) die Alleinherrschaft im Frankenreich an sich gerissen und so leichtes Spiel hatte, das Herzogtum zu beseitigen, band er das ehemals hedenische Gebiet direkt an sich. Für die Pläne des Hausmeiers, Sachsen dem Frankenreich einzuverleiben, war der Besitz des mainfränkisch-thüringischen Raums von größter Bedeutung.

Die Christianisierung Frankens

Bereits im 4. und 5. Jahrhundert waren Franken, die in römischen Militärdiensten standen, mit dem Christentum in Berührung gekommen. Doch erst der Übertritt Chlodwigs I. zum katholischen Glauben stellte die Weichen für den künftigen Erfolg des Katholizismus bei den germanischen Stämmen. Dank der expansiven Machtpolitik der Franken verbreitete sich der neue Glaube schließlich in weiten Teilen Mitteleuropas.

Zuerst erfasste er die adelige Bevölkerung und übertrug sich später auf die einfacheren Schichten. Dabei entwickelte sich eine Eigenart der fränkischen Kirche: Sie erlaubte dem Grundherren in germanischer Rechtstradition, Kirchen zu stiften. Mit diesen Eigenkirchen konnte das Christentum nun überall dort Fuß fassen, wo sich Adelige dem katholischen Glauben verpflichtet fühlten.

Dass dies kein einfacher Prozess war, lässt sich leicht vor-

Nach der Legende wurde der irische Missionar Kilian zusammen mit seinen Gefährten im Auftrag der Herzogin Gailana enthauptet. – Miniatur aus der Frieschronik.

stellen. Der heidnisch-germanische Glaube war integrierender Bestandteil des gesamten Lebens. Ihn zu wandeln, konnte nicht von heute auf morgen geschehen. Die Eigenkirchen fränkischer Herren leisteten hier gute Dienste, wurden sie doch häufig neben Kultstätten der heidnischen Altbevölkerung gebaut. In Kleinlangheim bei Kitzingen haben Archäologen eine solche Kirche ausgegraben.

Doch die Aktivitäten der mainfränkischen Oberschicht wirkten stets nur auf die ortsansässige Bevölkerung, ohne missionarische Tätigkeiten damit zu verbinden. Man lebte den heidnischen Nachbarn christliches Leben vor, diese übernahmen Elemente und fügten sie der Vielfalt ihrer Kulte hinzu. Mission war dies nicht, sie musste in „professionelle" Hände gelegt werden: Irisch-angelsächsische Wanderprediger übernahmen diese Aufgabe.

Zu den Ersten, die Mainfranken erreichten, gehörte der Ire Killena (Kilian), der zusammen mit zwei Gefährten, Kolonat und Totnan, um 685 nach Würzburg kam, das Evangelium predigte und sich für die strikte Befolgung kirchlicher Vorschriften einsetzte. Er avancierte wohl zu einer Art „Hofbischof". Die drei Iren sind historisch schwer fassbar, gesichert ist, dass sie um das Jahr 689, vermutlich wegen Auseinandersetzungen mit dem Herzogshaus, ermordet wurden.

Was wir über Kilian wissen, entstammt zwei Lebensbeschreibungen, die vermutlich in der 2. Hälfte des 8. Jahrhunderts und in der 1. Hälfte des 9. Jahrhunderts entstanden, also in großem zeitlichen Abstand zur Lebenszeit des Iren.

Kilian – Apostel der Franken

Nach diesen Erzählungen kam der schon in seiner Heimat zum Bischof ernannte Ire Killena (= Kirchenmann) mit mehreren Gefährten, unter ihnen der Priester Kolonat und der Diakon Totnan, auf ihrer Wanderung zur Siedlung Wirciburc (Würzburg). Um den noch heidnischen Bewohnern die Frohe Botschaft verkünden zu können, musste Kilian mit seiner Schar nach Rom ziehen, denn nur mit Erlaubnis des Papstes konnte er sein Vorhaben in die Tat umsetzen. Nach der Rückkehr predigte Kilian so erfolgreich, dass sich Herzog Gozbert und mit ihm sein ganzes Volk umgehend taufen ließ. Als Kilian den Herzog jedoch aufforderte, seine Ehe mit Gailana, der Witwe seines Bruders, zu beenden, da eine Verwandtenehe nach kirchlichem Recht nicht erlaubt sei, zog er sich den Zorn der Herzogin zu. Gailana, die ihr Eheglück gefährdet sah, handelte schnell: In einer nächtlichen Aktion ließ sie Kilian und seine Gefährten enthaupten und ihre Leichname mitsamt allen sakralen Gegenständen heimlich verscharren. Dem abwesenden Gemahl konnte sie nach seiner Rückkehr zwar die Tat verschweigen, doch den Mörder Kilians trieb sein Gewissen zum Selbstmord, er zerfleischte sich vor den Augen Gozberts. Gailana starb vom „bösen Geist" besessen, den Herzog – eigentlich unschuldig – erschlugen seine Knechte und der Sohn Heden wurde aus dem Land gejagt. Am Grab der Märtyrer ereignete sich bald eine Vielzahl von Wundern, sodass ihre Gebeine mit Zustimmung des Papstes erhoben, sie also heilig gesprochen wurden.

Die Heiligenviten dienten vorrangig theologischen, nicht biografischen Zwecken. Ihre Aufgabe war die Verherrlichung der Heiligkeit der Protagonisten, keinesfalls geschichtliche Exaktheit. Wir haben also keine Tatsachenberichte vorliegen, obwohl ein historischer Kern nicht zu leugnen ist. So ist eine Reise nach Rom für Iren des 7. Jahrhunderts völlig unwahrscheinlich, ebenso unwahrscheinlich ist das Heidentum des Herzogs und seines Volkes. Der Anstoß des Konflikts und die spätere Ermordung der mahnenden Geistlichen dürften jedoch nicht fiktiv sein. Gozbert hatte die Gemahlin seines Bruders aus Gründen des Machterhalts und des Erhalts des Familiengutes geehelicht, eine ganz typische Heiratspolitik der Zeit, obwohl weltliche und geistliche Verbote dagegenstanden.

Kilian wurde wohl schon mit der Erhebung im Jahr 752 zum Patron des neu gegründeten Würzburger Bistums und damit zum Apostel der Franken. Karl der Große erwies ihm seine Verehrung, als er 788 in Würzburg weilte. Welchen Rang unter den Heiligen seines Reiches der Märtyrer einnahm, zeigt der liturgische Kalender des Königs: Allein Kilian und Bonifatius vertraten dort das rechtsrheinische Reichsgebiet.

Zentrum des Kilianskultes ist seit dem Mittelalter die Gruft der Würzburger Neumünsterkirche, die an der Stelle des Grabes oder des Martyriums stehen soll, und der Kiliansdom als Hüter der Schädelreliquien. Wallfahrten und die im 14. Jahrhundert aufgekommene Reliquienprozession am Kilianitag, dem 8. Juli, spielten und spielen eine wichtige Rolle im religiösen Leben der katholischen Mainfranken.

Dr. Vogt, ein Würzburger Arzt, schrieb Mitte des 19. Jahrhunderts, als die Kilianverehrung einen Höhepunkt erlebte, das Grab des Märtyrers sei „des Franken politischer wie religiöser Centralpunkt." Er legte es jedem Gläubigen ans Herz, dorthin eine Wallfahrt zu unternehmen, „denn das nützt mehr wie alle Doktormittel."

Die Gründung der Bistümer Würzburg und Eichstätt

Kilian und seinen Nachfolgern war die Vermischung christlicher und heidnischer Lehren (Synkretismus), die sie im mainfränkischen Herzogtum angetroffen hatten, ein Dorn im Auge. Dagegen wandte sich energisch der Angelsachse Winfried-Bonifatius († 754), der seit 716 auf dem Festland missionierte und im Gegensatz zu den irischen Wanderpredigern auf die enge Zusammenarbeit mit den fränkischen Herrschern und dem Papst in Rom setzte. Sein Ziel war der Aufbau einer bischöflich geleiteten Landeskirche in den Gebieten östlich des Rheins.

Mit diesen Gedanken war bereits Willibrord († 739), ebenfalls von angelsächsischer Herkunft, nach Würzburg gekommen. Er hatte von Herzog Heden im Jahr 704 Güter in Thüringen erhalten und 716 das Kloster Hammelburg gegründet. Doch erst seinem jüngeren Nachfolger Bonifatius gelang die Errichtung einer Diözesanordnung. Bonifatius prägte die Kirchenorganisation nicht nur Frankens, sondern auch Bayerns und Hessens für weit über ein Jahrtausend.

Der Missionar hielt engen Kontakt mit seiner Heimat England und brachte von dort Priester, Mönche und Nonnen in seinen neuen Wirkungskreis. Gerade für die Klosterentwicklung im fränkischen Raum waren die gebildeten Engländer – und nicht zu vergessen Engländerinnen – besonders wichtig. Mütterlicherseits Verwandte des Bonifatius standen den neu gegründeten Frauenklöstern Ochsenfurt und Kitzingen vor.

Wann genau Bonifatius das mainfränkische Gebiet kirchlich zusammenfasste und damit das Bistum Würzburg gründete, muss offen bleiben. Eine Gründungsurkunde existiert nicht. Man geht davon aus, dass das erste Bistum Frankens 741/742 zusammen mit den mitteldeutschen Bistümern Büraburg und Erfurt entstand. Mit Burkhard, Angelsachse aus vornehmem Geschlecht, erhielt das Bistum einen versierten Politiker, der das Vertrauen der Karolinger besaß, als ersten Bischof.

Der Würzburger Sprengel erstreckte sich im Nordosten bis an den Rennsteig, im Nordwesten erreichte er die Fulda, im Westen bildete die östliche Seite des Mainvierecks und etwa eine Linie von Amorbach bis Lauffen am Neckar die Grenze. Im Süden trennte die Linie Lauffen–Ellwangen–Feuchtwangen–Roßtal gegen die Nachbarsprengel ab. Der östliche Teil des Bistums Würzburg reichte ohne feste Grenze bis über die Mainquellen hinaus, also in das heidnische Slawenland, und stieß an den nördlichsten Teil des Bistums Regensburg. Der Sprengel ging damit einerseits weit über die Grenzen des heutigen Frankens hinaus, andererseits fehlten das Mainviereck mit Aschaffenburg, das zu Mainz gehörte, und südöstliche Bereiche Mittelfrankens.

Die enge Zusammenarbeit der Angelsachsen mit den fränkischen Herrschern und das politische Gewicht, das dem Würzburger Bistum zukam, sind an der reichen Ausstattung mit Krongut und Kronrechten abzulesen. Dies bedeutete allerdings nicht, dass die Königsmacht im Bereich des Bistums geschmälert worden wäre. Der Bischof war ein vom König abhängiger „Beamter", ein geistlicher Amtsherzog. Die Schenkungen kamen einem Verwaltungsauftrag mit Nutzungsrechten gleich, die mit weitgehenden Verpflichtungen dem Reich gegenüber verbunden waren.

Würzburg entwickelte sich nicht nur zum politischen, sondern auch zum geistig-kulturellen Zentrum Mainfrankens. Bereits um 800 entstand am Dom eine eigene Schreibschule, und in der Dombibliothek wurde systematisch eine umfangreiche Sammlung geistlicher Schriften aus England zusammengetragen.

Auch im Süden des heutigen Frankens schritt die Organisation christlichen Lebens voran. In der Altmühlregion wirkten die angelsächsischen Geschwister Willibald, Wunibald und Walburga, die ihr Verwandter Bonifatius ins Land gebracht hatte. Sie bauten hier ein Netz von Kirchen und Klöstern auf, dessen geistiger Mittelpunkt Eichstätt wurde. Um das Jahr 742, vielleicht auch wenig später, erfolgte die Gründung des Bistums Eichstätt, das sich aus alemannischen, bayerischen und fränkischen Teilen zusammensetzte. Auf fränkischer Seite gehörten das Sualafeld, etwa das Dreieck Herrieden–Schwabach–Solnhofen, und das Gebiet südlich von Forchheim und östlich von Nürnberg bis an die Grenze der Oberpfalz zum neu gegründeten Bistum.

Die angelsächsischen Missionare setzten der in vielen Fällen nur äußerlichen Annahme des Christentums die Errichtung von Klöstern – sie dienten nicht dem Rückzug in die Abgeschiedenheit, sondern waren eher „Pflanzstätten" für den Seelsorgernachwuchs –, Kirchen und den Aufbau einer Kirchenorganisation entgegen. Ihren Erfolg beweist die Tatsache, dass in Mainfranken spätestens im beginnenden 8. Jahrhundert die Reihengräbersitte, das heißt die Bestattung mit Waffen, Schmuck und anderen Beigaben, zugunsten christlicher Begräbnisse aufgegeben wurde.

Die Christianisierung des heutigen Unterfranken und großer

Teile Mittelfrankens war durch die Maßnahmen im Zuge der beiden Bistumsgründungen gesichert. Als weißer Fleck blieb das Gebiet der „terra sclavorum" – weite Gebiete Oberfrankens. Im Auftrag Karls des Großen übernahm das Würzburger Bistum die Aufgaben der Missionierung und kirchlichen Betreuung der dort ansässigen Slawen. Gemeinsam mit den für diesen Raum zuständigen Grafen errichteten Würzburger Bischöfe deshalb 14 „Slawenkirchen", die vermutlich im Raum Fürth–Forchheim–Bamberg–Lichtenfels–Kulmbach lagen, die genaue Lokalisierung ist umstritten. Die Missionsarbeit im Slawenland wurde zur wichtigsten Aufgabe für das Bistum Würzburg. Eichstätt hingegen sollte als fränkischer Beobachtungsposten den unzuverlässigen, aufsässigen Bayernherzog Tassilo III. († 793) im Auge behalten.

Mit der Christianisierung schritt die Erweiterung des Karolingerreichs nach Osten voran. Das Frankenland – für lange Zeit ein namenloser Raum – wurde zur Zwischenstation und zum Brückenkopf.

Vom Land ohne Namen zur „Francia orientalis"

Papst Gregor III. schrieb um 738 in der Anrede eines Briefes: „Papst Gregorius allen Edlen und dem Volk in den Provinzen Germaniens, den Thüringern und Hessen, ... denen vom Grabfeld, und allen im östlichen Landstrich Wohnenden." Das Grabfeld trat als „politische" Landschaft mit eigener Bezeichnung in Erscheinung, dem übrigen „östlichen Landstrich" jedoch fehlte eine eigene Benennung. Auch Willibald, der Biograf des Bonifatius, kannte um die Mitte des 8. Jahrhunderts noch keinen konkreten fränkischen Landschaftsnamen. Wenig später taucht dann erstmals die Bezeichnung „orientales Franci", die Ostfranken, für die Bewohner der mainfränkischen Königsprovinz auf. Es war wohl unumgänglich geworden, in der Zeit der großen Expansion Karls des Großen, die selbstbewussten adeligen Grundbesitzer im Mainland, die sich als freie Franken fühlten, mit einem Namen zu versehen, der ihre eindeutige Zugehörigkeit zum Fränkischen Reich unterstrich.

Das Maingebiet wurde ab dem 9. Jahrhundert ohne weitere Spezifizierung „Francia Orientalis" (Ostfranken) genannt, genauso wie das viel größere Teilreich der Nachfolger Karls des Großen. Man darf sicher davon ausgehen, dass die Mainregion als Kernstück dieses Teilreiches betrachtet wurde, obwohl die Machtbasis der späteren Herrscher eher an der Donau und in Bayern lag. An der zentralen Funktion des Gebietes besteht trotzdem kein Zweifel.

Königsherrschaft und Adel

Als Mittelpunkte königlichen Grundbesitzes und zur Konsolidierung fränkischen Rechts waren schon in der Zeit der Merowinger Königshöfe errichtet worden. So erhielt das entstehende Bistum Würzburg den Zehnten von 26 königlichen Gütern, darunter der Königshof „Halazesstat" (Hallstadt). Hallstadt lag an der wichtigen Fernstraße von Erfurt nach Regensburg und gewann über seine administrative Funktion hinaus Bedeutung als Handels- und Stapelplatz.

Die zahlreichen Königshöfe der Karolingerzeit wurden an strategisch günstigen Stellen errichtet und waren als Stützpunkte Ausgangsbasis für Siedlung und Landesausbau. Sie entwickelten sich zu Zentralorten größerer organisatorischer Bezirke, die als Königsmarken bezeichnet werden, und dienten der Repräsentation königlicher Macht.

Eine solche Funktion hatte der alte Königshof Salz. Der anhaltende Widerstand der Sachsen veranlasste Karl den Großen, in der nördlichen Randzone des Mainlandes verstärkt Präsenz zu zeigen. Salz (Bad Neustadt/Saale), an einem wichtigen Kreuzungspunkt alter Fernstraßen nach Thüringen, Sachsen, Hessen, nach Würzburg und in das slawische Obermaingebiet, zudem am Ende des schiffbaren Abschnitts der Fränkischen Saale gelegen, wurde, wie viele andere Königshöfe, zur Pfalz ausgebaut. Sie diente als Ausgangs- und Rückzugsbasis der Kontrolle Thüringens und der Angliederung und Sicherung Sachsens.

Nach der Okkupation Sachsens verlor Salz zunehmend seine Zentralfunktion an den bedeutendsten Stützpunkt im östlichen Grenzraum des Reichs, an den Handels- und Stapelplatz „Foracheim" (Forchheim). Forchheim, ebenfalls an einer wichtigen Transitstraße gelegen, wurde zusammen mit Hallstadt und sieben weiteren außerfränkischen Orten von Karl dem Großen mit der Kontrolle des grenzüberschreitenden Verkehrs in das Reich der Slawen betraut. Nach der Zeit Karls des Großen entwickelte sich die Pfalz Forchheim zum bevorzugten Aufenthaltsort ostfränkischer Könige.

Die meisten Königshöfe lagen nicht nur an bedeutenden Fernstraßen, sondern auch an schiffbaren Flüssen, im Mittelalter eine logistische Notwendigkeit, erleichterte doch der Wasserweg nicht nur den Waren-, sondern, und vor allem, auch den Truppentransport. Welche Wichtigkeit dem Wasserwegesystem zukam, zeigt der Versuch Karls des Großen, eine Verbindung zwischen Rezat und Altmühl herzustellen, also einen Rhein-Main-Donau-Kanal zu bauen, um schnelle Truppen- und Nachschubbewegungen von einer Grenze des sich ständig ausweitenden Reiches zur anderen sicherzustellen.

Es mag sein, dass rein militärische Notwendigkeiten den Anstoß zum Bau des „großen Grabens" gegeben haben, doch auch der Handelsverkehr konnte von der Verbindung der Flüsse Rezat und Altmühl profitieren. Selbst kleine, nur mit flachen Booten befahrbare Flüsse waren wichtige Verkehrswege, die im Treidelverkehr genutzt wurden. So lagen von Hallstadt bis nach Weißenburg im Abstand von 25 bis 30 km – dies entspricht etwa der Tagesleistung einer flussaufwärts gerichteten Treidelfahrt – Königshöfe als Wirtschaftsplätze. Sie waren an der Einmündung von Nebenflüssen oder Bächen, wo sich günstige Landemöglichkeiten für die Schelche anboten, errichtet worden. Auf der Höhe von Weißenburg war dann die Grenze der Schiffbarkeit erreicht. Dort mussten die Güter umständlich auf Fuhrwerke umgeladen und zur Altmühl gefahren werden. Ein Kanal hätte die zeitaufwendige Umladung überflüssig gemacht.

„Fossa Carolina" –
der Main–Donau–Kanal Karls des Großen

Zwei Quellen berichten über den Bau des Karlsgrabens. Die Reichs-
annalen hielten in dürren Worten fest, dass der König im Jahr 793
zum „großen Graben zwischen Alcmona" (Altmühl) „und Radan-
tia" (Rezat) gekommen war. Erheblich ausführlicher informiert
eine Handschrift aus dem 9. Jahrhundert über das Vorhaben und
das Baugeschehen:

„Einige Sachverständige hatten den König überzeugt, dass man
bequem von der Donau in den Rhein gelangen könne, wenn zwischen Rezat und Altmühl ein schiffbarer Graben angelegt würde,
denn der eine Fluss liefe zur Donau, der andere in den Main. Daher
brach er sogleich mit seinem ganzen Gefolge zu dem betreffenden
Platz auf, sammelte eine große Menge Menschen und ließ den
ganzen Herbst hindurch an dem Vorhaben arbeiten. Zwischen den
beiden Flüssen wurde ein Graben von 2000 Schritt Länge und 300
Fuß Breite angelegt, jedoch umsonst. Denn wegen anhaltender
Regenfälle und da das sumpfige Erdreich von Natur aus viel Nässe
enthielt, konnte das in Angriff genommene Werk nicht vollendet
werden. Soviel Erde die Arbeiter tagsüber ausgruben, soviel
rutschte in der Nacht wieder zurück."

Die Nachricht scheint eindeutig: Der große Plan Karls des Großen
scheiterte. Neuere Untersuchungen haben jedoch gezeigt, dass
die Anlage erheblich weiter fortgeschritten war, als der Bericht
glauben macht. Nach der Erfassung aller Baureste darf man heute
davon ausgehen, dass die „Fossa Carolina" zu einem funktions-
tüchtigen System ausgebaut wurde.

Die in den Pfalzen und Königshöfen deutlich werdende lokale
Präsenz des Königtums bildete das dringend notwendige
Gegengewicht zum Grundbesitzeradel, der dem Königtum
durchaus Widerstand entgegensetzte, wie wir aus der Lebens-
beschreibung Karls des Großen wissen. Aufrührerische Adelige
aus Franken hatten dem König ohne Umschweife klargemacht,
dass sie ihm keinen Treueeid geschworen hätten und ihm folglich nicht verpflichtet seien.

Zu dieser adeligen Oberschicht gehörte das Geschlecht der
Mattonen, dem der zweite Würzburger Bischof entstammte

Um den Waren- und Truppentransport zu erleichtern, plante Karl der Große den Bau eines Kanals zwischen den Flüssen Rezat und Altmühl. – Miniatur aus der Frieschronik.

und wahrscheinlich auch die dritte Gemahlin Karls des Großen, Fastrada. Die Tatsache, dass sich Karl mit einer Ostfränkin vermählte, zeigt die große Bedeutung, die er dem Gebiet beimaß. Die Mattonen hatten weite Besitzungen in Mainfranken und taten sich als Stifter mehrerer Klöster hervor, darunter das Kloster Münsterschwarzach (Lkr. Kitzingen).

Der Grundbesitzeradel wurde zum Motor der weiteren Aufsiedlung der Francia orientalis. Orte mit dem Grundwort -hausen waren im Laufe des 8. Jahrhunderts als Rodungssiedlungen entstanden. Eine nächste Siedlungswelle schloss sich im 9. Jahrhundert an: -dorf-Orte wurden gegründet. Sie konzentrierten sich im Grabfeld und im Raum zwischen Hallstadt und Forchheim. Schließlich wurde auch die Besiedlung des heutigen Mittelfranken durch die Schaffung neuer Grundherrschaften langsam dichter.

Nicht grundherrlichen Ursprungs sind dagegen die Sachsen(-sachsen)-Orte. Nach der Unterwerfung des aufsässigen Volksstammes im Jahr 794 wurden zahlreiche Bewohner Sachsens deportiert – angeblich musste jeder dritte Mann seine Heimat verlassen – und in den Mainlanden auf Königsgut oder zum Zweck der Rodung angesiedelt.

Um die Landnahme voranzutreiben, waren vermehrt neue Straßen angelegt und vorhandene ausgebaut worden. Zu deren Sicherung dienten Befestigungsanlagen, wie diejenige auf dem Banzer Berg oder dem späteren Bamberger Domberg. Die „Babenburg" wurde mit einer gewaltigen 5 m starken Mauer umgeben – eine eindrucksvolle Demonstration der politischen Bedeutung der Anlage und der daraus erwachsenden Macht der Erbauer, der Grafen des Volkfeld-, Radenz- und Grabfeldgaus, der Popponen oder Babenberger.

Die Babenberger Fehde

Die „orientales Franci", die weltlichen Träger der fränkischen Reichskultur und Hauptstützen der karolingischen Königsmacht, waren für ihre Gefolgschaftsdienste mit reichen Grundbesitzungen ausgestattet worden. Sie standen an der Spitze der Grafschaften und Gaue, verwalteten die königlichen Domänen und Königsgutbezirke und leiteten die fränkische Staatskolonisation.

Wirklich einflussreich wurde die Sippe der Popponen, benannt nach Poppo, der im frühen 9. Jahrhundert Graf im Grabfeld war. Poppo III. konnte schließlich zum mächtigsten Mann Ostfrankens aufsteigen. Die Popponen oder Babenberger, benannt nach der „Babenburg" in deren Umkreis das Geschlecht Besitzungen hatte, standen den karolingischen Herrschern stets sehr nahe, bis es im Jahr 892 zum Bruch mit König Arnulf († 899) kam. Er befürchtete wohl eine gefährliche Machtkonzentration in den Händen der Familie, die es zu zerschlagen galt. Seit seiner Vermählung war Arnulf mit den Konradinern verschwägert, die im westlichen Ostfranken reich begütert waren. Ihren Einfluss versuchte der König systematisch zu stärken und vergab den wichtigen Würzburger Bischofsstuhl an einen Konradiner.

Auch nach dem Tod Arnulfs gingen die Entmachtungsbestrebungen weiter. Als Ludwig IV., das Kind († 911), im Februar 900 in der Pfalz Forchheim zum König erhoben, kurze Zeit später Güter der Popponen einzog und sie an Konradiner vergab, begannen die Auseinandersetzungen, die als „Babenberger Fehde" in die Geschichte eingingen. Hauptakteure auf Babenberger Seite waren die Brüder Adalbert, Adalhard und Heinrich, auf Konradiner Seite Eberhard, Gebhard und Rudolf. Im Jahr 903 kam es zu einem erbitterten Kampf zwischen den verfeindeten Sippen, in dem Heinrich fiel und Adalhard gefangen genommen wurde. Als wenig später der Konradiner Eberhard seinen Verwundungen erlag, ließ sein Bruder Gebhard den Gefangenen Adalhard gegen jedes Recht töten.

Der überlebende Babenberger Adalbert fiel daraufhin in würzburgisches Gebiet ein und vertrieb den konradinischen Bischof und die Familie Eberhards. Drei Jahre konnte Adalbert seine Eroberungen behaupten, bis er erneut zu einem Kriegszug aufbrach, wohl um den Konradinern den entscheidenden Schlag zu versetzen. Im Frühjahr 906 griff er das konradinische Fritzlar an, verwüstete das Gebiet und ließ alle Flüchtenden niedermetzeln. Für diese Schandtat sollte sich Adalbert auf einem Hoftag verantworten, zu dem er jedoch nicht erschien. König Ludwig zog nun gegen den Babenberger und schloss ihn in seiner Burg Theres am Main (Lkr. Haßberge) ein. Adalbert gab schließlich auf und unterwarf sich dem König, der üblicherweise eine Unterwerfung annahm, den Vasallen begnadigte und ihn wieder in seine Ämter einsetzte. Nicht so bei Adalbert, denn es ging nicht mehr um die Privatfehde zweier verfeindeter Familien. Es ging längst um die Macht im Reich. Adalbert wurde zum Tode verurteilt und hingerichtet, ein großer Teil seiner Güter eingezogen, darunter auch Bamberg.

Zunächst schien es, als hätten die Konradiner nun genügend Autorität, um die beherrschende Stellung zwischen Westerwald und Fichtelgebirge einzunehmen. Konrad der Jüngere mag sich vielleicht sogar als Herzog gefühlt haben, alleiniger Machthaber wurde er jedoch nicht. Grafen aus dem verwandtschaftlichen Umkreis der Babenberger, zu ihnen gehörten die Grafen von Schweinfurt, sorgten für ein gewisses Gleichgewicht der Kräfte. Zudem hatte sich der bayerische Amtsträger Luitpold als Graf im Großraum Nürnberg durchsetzen können, auch er gehörte zu den Gewinnern der Fehde zwischen den beiden mächtigsten Sippen Frankens.

Als der letzte Karolinger 911 starb, wurde in Bayern und

Schwaben der Weg zum Stammesherzogtum frei. In Franken dagegen brach die Entwicklung abrupt ab, denn Konrad († 918), wurde in Forchheim zum König gewählt. Franken war damit Königsland und Konrads einziges sicheres Herrschaftsgebiet. Herzogliche Gewalt konnte er hier nicht dulden. Die regionale Herrschaftsfunktion übergab er seinem Bruder Eberhard, dessen Einfluss in Ostfranken relativ gering blieb. Als er 939 starb, wurde kein Nachfolger benannt.

Ganz Franken – vom Rhein bis zum Fichtelgebirge – blieb von nun an Basis für das Königtum, ganz gleich aus welchem Geschlecht der König stammte.

Frankenland – Reichsland

Fest in ottonischer Hand

Fester denn je war Franken jetzt in der Hand des Königs, der sein Vertrauen vor allem auf die Nachkommen der Verlierer der „Babenberger Fehde" setzte. Popponen und Babenberger wurden mit einer Vielzahl von Ämtern ausgestattet. Sie besetzten den Würzburger Bischofsstuhl und wurden Grafen der wichtigsten Gaue Frankens. Diese Politik König Ottos I. († 973) erwies sich als absolut richtig, denn Ostfranken verhielt sich bei allen Konflikten mit seinen Verwandten und den Stammesherzogtümern vollkommen ruhig und unterstützte ihn militärisch.

Wie wichtig der fränkische Raum als verlässlicher Rückhalt für Otto war, lässt sich unter anderem daran ablesen, dass er einen Staatsgefangenen, König Berengar II. von Italien († 966), auf die gut befestigte Babenburg verbannte, nicht in ein Kloster, wie dies eigentlich üblich war. Und er hielt sich sehr häufig in Franken auf, im Mittelalter ein sicherer Hinweis auf die Bedeutung, die der ständig umherziehende Herrscher einer Region beimaß. Allein viermal besuchte Otto die Pfalz Salz, und im Jahr 954 kam er an den Königshof „Zenna" (Langenzenn bei Fürth), um mit seinem Sohn Liudolf († 957) Frieden zu schließen.

An der Haltung und Position Frankens änderte sich auch unter den nächsten beiden ottonischen Königen nichts. Dieselben Familien wie bisher unterstützten das Königtum, im Besonderen die Popponen. Schwierigkeiten gab es dagegen in der Familie der Herrscher.

Seit 929 galt die Primogenitur, also das Recht des Erstgeborenen, als Einziger an der Spitze des Reiches nachzufolgen. Dies führte zu einem generationsübergreifenden Streit unter den Ottonen. Der unzufriedene Bruder Ottos I., Heinrich († 955), hatte das bedeutende Herzogtum Bayern – es reichte von der Oberpfalz bis an die Adria – erhalten und regierte hier selbstständig wie ein König. Er vererbte sein „regnum" seinem

Sohn Heinrich dem Zänker († 995). Um den Vetter für sich zu gewinnen, machte Otto II. († 983) dem Zänker ein wertvolles Geschenk: Er übertrug dem bayerischen Herzog 973 die wichtige Burg Bamberg, die offensichtlich für die Babenberger in dem Maß ihren Stellenwert verloren hatte, wie die ebenfalls auf Königsgut zurückgehende Burg Schweinfurt an Bedeutung gewann.

Der Versuch, Heinrich ruhigzustellen, schlug fehl. Ein Jahr nach der Schenkung zettelte er zusammen mit den Herzögen von Polen und Böhmen einen Aufstand an, wurde gefangen genommen und das bayerische Herzogtum wurde zerschlagen. Seine Gemahlin suchte mit ihren beiden Söhnen Zuflucht in Bamberg. Der ältere der beiden Brüder, Heinrich, folgte seinem Vater, der sich schließlich Otto III. (980–1002) unterworfen und sein Territorium zurückerhalten hatte, als bayerischer Herzog nach. Damit wurde Heinrich IV. zum mächtigsten Mann im Reich nach dem König. Erstaunlicherweise vermählte er sich nicht mit einer vermögenden Tochter aus einflussreichem Hause – die übliche Heiratspolitik eines mächtigen Mannes, der noch mächtiger werden will. Er entschied sich für Kunigunde († 1033), die Tochter des unbedeutenden Grafen Siegfried von Luxemburg. Es war wohl eine Liebesheirat.

Als die Ottonen in direkter Linie ausstarben, verwies Heinrich auf seine geblütsrechtliche Legitimation und setzte sich mit Entschlossenheit und – es ist nicht zu leugnen – mit einem gewissen Maß an Skrupellosigkeit durch.

Heinrichs Haltung gegenüber den Babenbergern war nicht annähernd so freundschaftlich wie die seiner Vorgänger. Zunächst aber musste er sich der Unterstützung des angesehenen Grafen von Schweinfurt, eines Babenbergers, versichern, um seine Wahl nicht zu gefährden. Kurzerhand versprach der König in spe Heinrich von Schweinfurt († 1017) das Herzogtum Bayern, ohne jemals daran zu denken, dieses Versprechen zu halten. Hätte er dies getan, hätte er einen riesigen babenbergischen Machtblock geschaffen. Bisher war der Einflussbereich der Schweinfurter schon gewaltig: „Vom Frankenwald bis zum Regen und zur Donau, vom Mainknie bei Schweinfurt bis zum Fichtelgebirge und Böhmerwald saßen die Schweinfurter im Namen des Königs zu Gericht und führten die königlichen und eigenen Vasallen und Ministerialen gegen äußere und innere Feinde des Reiches ins Feld", schrieb der Historiker von Guttenberg. Wäre nun auch noch Bayern hinzugekommen, hätte sich Heinrich einen übermächtigen Rivalen ins Nest gesetzt. Als er am 7. Juni 1002 zum König gewählt und vom Mainzer Erzbischof gekrönt wurde, hatte er sein Ziel erreicht. Sein Versprechen hielt er tatsächlich nicht.

Begreiflicherweise fühlte sich der Schweinfurter um den verdienten Lohn betrogen und schloss sich nun den Feinden des Königs an. Heinrich II. († 1024) führte im Sommer 1003 eine Art Blitzkrieg gegen seinen Namensvetter, um eine Verbindung mit dem gefährlichsten Aufständischen, dem polnischen Herzog Boleslaw Chrobry († 1025), zu verhindern. Dank seiner militärischen Überlegenheit trug der König letztendlich den Sieg davon.

Der missglückte Aufstand führte zu einer weitgehenden Ausschaltung der ostfränkischen Babenberger aus dem politischen Kräftespiel Frankens. Zwar wurden dem Schweinfurter die beträchtlichen Eigengüter belassen, darunter die Burgen Hersbruck, Creußen (bei Bayreuth), Kronach, Burgkunstadt und Banz, aber er verlor seine Grafenämter und königlichen Lehen.

Die „einzigartig geliebte Stadt": Heinrich II. und Bamberg

Wann genau Heinrich II. den Plan fasste, seine Burg Bamberg in einen Bischofssitz umzuwandeln, ist unbekannt. Vermutlich war das Vorhaben Teil einer „Friedenslösung" nach der Niederwerfung Heinrichs von Schweinfurt, das entstandene Machtvakuum musste geschlossen werden. Durch die Einziehung der Reichsämter und Reichslehen des Babenbergers waren wichtige, durchaus auch materielle Voraussetzungen für die Bistumsgründung geschaffen.

Um das Bamberg-Projekt in die Tat umsetzen zu können, musste Heinrich das Einverständnis des Eichstätter und vor allem des Würzburger Bischofs einholen, dessen Sprengel die neue Diözese deutlich verkleinern würde. Verständlicherweise gestalteten sich die Verhandlungen schwierig und konnten erst dann zum Abschluss gebracht werden, als Heinrich wieder ein Versprechen gab: Das Bistum Würzburg sollte zum Erzbistum erhoben werden, dem dann die Bistümer Bamberg und Eichstätt unterstünden.

Am 1. November 1007 stimmten die Bischöfe des Reichs auf der Synode in Frankfurt der Gründung des Bistums Bamberg zu. Heinrich hatte bereits seinen gesamten Besitz im Radenz- und Volkfeldgau dem neuen Bistum übertragen und stattete es nun mit sechs Klöstern und einer Vielzahl weiterer Güter aus, die über das ganze Reich verstreut lagen. In den folgenden Jahren wurde der Bamberger Besitz durch weitere Dotationen noch beträchtlich ausgedehnt. Heinrich schenkte seiner Gründung zeitlebens alles, dessen er habhaft werden konnte. Bamberg, Heinrichs „einzigartig geliebte Stadt", sollte glänzend, reich und berühmt zum süddeutschen Hauptort des Königtums aufsteigen, eine Art königliches Eigenbistum, mit dessen Hilfe der letzte Ottone religiöse, reichskirchliche und reichspolitische Pläne realisieren wollte.

Bamberg avancierte nun zur bevorzugten königlichen Pfalz. Hier traf sich Heinrich mit Eberhard († 1040), dem ersten Bamberger Bischof, einem seiner engsten Vertrauten und Berater, der zugleich den wichtigen Posten eines Leiters der königlichen Kanzlei innehatte. Die Bischofsstadt an der Regnitz entwickelte sich rasch zu einem intellektuellen und künstlerischen Zentrum von europäischem Rang. Die Bamberger Domschule wurde geradezu zu einer „Kaderschmiede" für die künftige Elite des Reiches. Wohl nirgendwo anders ist es dem König so gelungen, die Kirche in die Reichsinteressen einzubinden wie hier in Franken. Unter Heinrich II. war es zum Kernland des Reiches geworden.

Das Würzburger Bistum wurde übrigens nicht Erzbistum. Papst Johannes XVIII. († 1009) unterstellte Bamberg dem Erzbistum Mainz. Der Wunsch des Würzburger Bischofs auf Rangerhöhung war in Rom nicht einmal vorgetragen worden.

Unter Kaiser Heinrich II. wurde Franken zum Kernland des Reiches.
In seiner Stadt Bamberg gründete er 1007 ein neues Bistum. –
Darstellung aus der Schedelschen Weltchronik, 1493.

Ein Papst aus Bamberg

Konrad II. (990–1039) distanzierte sich deutlich von der Gründung seines Vorgängers, allerdings nicht nur von dieser. Die Einheit von Kirche und Reich hatte unter dem letzten Ottonen ihren Höhepunkt erreicht. Nun begann sie zu bröckeln. Ansatzweise trug dazu auch Bambergs zweiter Bischof, Suidger, ein sächsischer Adeliger, bei. Er begleitete König Heinrich III. (1017–1056) 1046 auf seinem Zug nach Italien. Heinrich, ganz erfüllt von Reformideen, hatte vor, das angeschlagene Papsttum zu reformieren. Kurzerhand ließ er die drei rivalisierenden Päpste absetzen und erhob den Bamberger Bischof zum neuen Papst, der den Namen Clemens annahm. Zu Weihnachten desselben Jahres krönte Clemens II. als erste Amtshandlung Heinrich III. zum Kaiser. Voller Elan ging der neue Papst in den nächsten Monaten daran, die gewünschte Kirchenreform durchzusetzen. Doch sie musste Stückwerk bleiben, denn der Tod – wurde er vergiftet? – ereilte Clemens schon im Oktober 1047. Der Papst wurde nach Bamberg überführt und in seiner ehemaligen Bistumskirche, dem Bamberger Dom, beigesetzt. Es ist das einzige Papstgrab nördlich der Alpen.

Ein neues Reichszentrum: Nürnberg

Das neue Königsgeschlecht der Salier veränderte die von Heinrich II. geschaffene Struktur in Franken prinzipiell nicht, trotz der Bedenken gegen Bamberg. Es schien allerdings dringend geboten, im Osten eine starke Position aufzubauen. Als neues Reichszentrum in der bayerisch-fränkischen Grenzzone bot sich die Burg „Norenberc" (Nürnberg) an, die 1050 erstmals urkundlich erwähnt wird. Heinrich III. versuchte, im mittleren Regnitzgebiet aus Haus- und Reichsgut und aus bambergischem Besitz eine Machtbasis für das Königtum zu schaffen, die er von seiner Burg Nürnberg aus organisierte. Erklärtes Ziel war es, die Einflusssphäre Bambergs einzudämmen. Das bambergische Marktrecht Fürths wurde nach Nürnberg verlegt, Langenzenn (bei Fürth) dem Bischof entzogen, schließlich fiel der kaiserlichen Politik das bambergische Terrain südlich von Forchheim, zwischen Regnitz und Fränkischer Alb, zum Opfer.

Im Bamberger Dom wurde der erste deutsche Papst, Clemens II., beigesetzt. –
Historische Fotografie, 1880.

Ehemals bambergische Wälder im Umfeld Nürnbergs wurden
Reichswälder, in denen rasch Reichsministerialenburgen entstanden.

Zu dem immer einflussreicher werdenden Kreis der Reichsministerialen gehörte Otnand. Er vertrat rigoros die königlichen Interessen im Nürnberg-Forchheimer Raum gegen Bamberg. Für seinen ergebenen Dienst erhielt er einen Waldbezirk
im Fichtelgebirge – die unwirtliche Waldzone taucht nun erstmals als Siedlungsgebiet auf –, mit dem wichtigen Auftrag,
durch seine Rodungstätigkeit böhmischer und bambergischer
Ausdehnung Einhalt zu gebieten. Otnand wurde damit im
Süden und Osten zu einem bedeutenden Widerpart des Bamberger Bischofs.

Nürnberg taucht auf

Am 16. Juli 1050 tritt Nürnberg erstmals ins Licht der Geschichte. Heinrich III. hielt sich anlässlich eines Hoftages an der Pegnitz auf und bestätigte in einer Urkunde, dass Sigena, Leibeigene des Adeligen Richolf, von nun an frei sei. Richolf könnte „Beamter" gewesen sein, vielleicht Kommandant der Burg oder Verwalter eines der beiden Königshöfe, die, am Kreuzungspunkt bedeutender Handelsstraßen gelegen, sicher schon vor 1050 zu Füßen des Felsens über der Pegnitz existierten. Im Schatten der Königsburg konnte sich rasch eine Ortschaft entwickeln, die bald das Recht erhielt, einen Markt abzuhalten und Sitz einer Münz- und Zollstätte wurde.

Die geistliche Betreuung der Nürnberger übernahm – so berichtet die Legende – der spätere Stadtheilige Sebaldus, ein in den umgebenden Wäldern lebender Eremit, der bald nach seinem Tod 1070 als wundertätiger Volksheiliger verehrt wurde. Arno Borst hielt fest, „dass die Verehrung eines Stadtheiligen nirgendwo im mittelalterlichen Deutschland so intensiv mit dem Selbstbewusstsein der Stadtgemeinde verquickt war wie in Nürnberg." Als sichtbarer Ausdruck dieser Verehrung trat Mitte des 13. Jahrhunderts an die Stelle einer kleinen Kapelle zu Füßen des Burgbergs eine spätromanische Pfeilerbasilika, die dem Heiligen geweiht wurde. Die Sebalduskirche ist heute eine der Hauptkirchen Nürnbergs.

Zwischen Kirche und König

Die Planungen im Raum Nürnberg fanden durch den Tod Heinrichs III. im Jahr 1056 ein plötzliches Ende. Die unruhige Zeit der Regentschaft für seinen Sohn, Heinrich IV. (1050–1106), bewirkte einen größeren Spielraum für die lokalen Gewalten, der durch Nachgiebigkeit und Inkonsequenz der Reichsregierung noch gefördert wurde. Vor allem Bamberg zog daraus Gewinn: Forchheim und Fürth fielen wieder zurück. Die südlichen Reichswälder und ihre Umgebung blieben allerdings in der Hand des Königtums. Heinrichs Bestreben, nach Beginn seiner selbstständigen Regierung die zerrüttete Königsmacht wiederherzustellen, scheiterte. Sachsen, Schwaben und Bayern erhoben sich gegen den jungen König, für den die Sicherung

Frankens zur Existenzfrage wurde. Ein Zusammenschluss der sächsischen und der süddeutschen Opposition musste unter allen Umständen verhindert werden. Wieder einmal zog Bamberg Nutzen aus dieser Situation: Heinrich bestätigte dem Bistum die Grafschaften im Radenz-, Saale-, Grabfeld- und Volkfeldgau, es erhielt Königsgut im Nordgau und einen umfangreichen Wildbann (Jagdrecht) beidseitig der Rednitz einschließlich des Forchheimer Forstes. Während der Sachsenkriege standen die fränkischen Bischöfe geschlossen auf Heinrichs Seite. Franken erfüllte also die ihm zugedachte Rolle als Königsland. Doch nun bahnte sich der Konflikt an, der als Investiturstreit in die Geschichte einging.

Eine immer stärker werdende Mönchsbewegung, die ihren Ausgang im Kloster Cluny in Burgund genommen hatte, wandte sich gegen die Kirchenherrschaft des Adels und des Königs. Ihr Ziel war die Befreiung der Kirche aus alten Bindungen an das Laientum. Dazu gehörte auch die Laien-Investitur, das heißt die Einsetzung von Geistlichen durch Laien. Derartige Bestrebungen mussten zwangsläufig zur Kollision mit der Reichskirchenpraxis führen, denn der König setzte Bischöfe und andere Geistliche ganz nach seinem Belieben ein.

Da die reichen Kirchengebiete meist aus ehemaligem Königsgut bestanden, war es üblich, dem König bei der Einsetzung eines Bischofs, gewissermaßen als Entschädigung, eine Abgabe zu zahlen. Dies wurde nun als Simonie gedeutet, als Ämterkauf und -verkauf, und unter Berufung auf die Apostelgeschichte angeprangert. Als Kämpfer für die Freiheit der Kirche stellte sich der ehemalige Mönch Hildebrand als Papst Gregor VII. († 1085) an die Spitze der Reformbewegung. Von höchstem Sendungsbewusstsein beseelt, verfolgte er das Ziel, die Kirche zu „reinigen" und setzte simonistische Geistliche ab. Davon betroffen war auch der Bamberger Bischof, der von Heinrich IV. fallen gelassen wurde. Postwendend ernannte der König – wie bisher in eigener Machtvollkommenheit – einen Nachfolger, der in der Reichspolitik die Linie seines Vorgängers fortsetzte. In den Stürmen der nächsten Jahre blieb das Bamberger Bistum eine sichere Stütze des bedrängten Königs.

Gefährlicher stellten sich die Verhältnisse im Bistum Würzburg dar. Bislang hatte der Bischof keinen Zweifel an seiner königs- und reichstreuen Gesinnung aufkommen lassen. Doch zunehmend setzte sich bei ihm die Überzeugung durch, dass die Ansprüche des Reformpapsttums rechtmäßig seien. Als 1076 die Auseinandersetzung zwischen Papst Gregor VII. und Heinrich IV. die deutsche Kirche zur Stellungnahme zwang, verfolgte der Würzburger Bischof eine eindeutige Linie. Nach der Exkommunikation Heinrichs gehörte er mit den Herzögen von Bayern und Schwaben zu den Führern der königsfeindlichen Partei, die 1077 in der alten Pfalz Forchheim Rudolf von Rheinfelden zum König wählte.

Wegen seiner Mittellage war Franken, im Besonderen das Würzburger Land, für die verfeindeten Parteien von Wichtigkeit – für die Gegner des Königs, um die Verbindung zu den sächsischen Verbündeten herzustellen, für Heinrich IV., um genau diese Verbindung zu verhindern. Im Sommer 1078 stellte sich Heinrich in der Nähe von Mellrichstadt (Lkr. Rhön-Grabfeld) seinen Feinden. Er verlor zwar die Schlacht, aber auch Rudolf musste sich zurückziehen. Damit war der Zusammenschluss der anti-salischen Partei verhindert. Als Rudolf von Rheinfelden im Herbst 1080 starb, wählte die Opposition im Frühjahr 1081 in Ochsenfurt einen neuen Gegenkönig, Hermann von Salm († 1088), der sich jedoch nicht gegen Heinrich behaupten konnte.

Eine neuerliche Fürstenverschwörung und der Abfall des Sohnes Heinrich leiteten das dramatische Ende Heinrichs IV. ein. Im Dezember 1104 erhob sich der 18-jährige, bereits gekrönte Heinrich V. (1086–1125) gegen seinen Vater und schloss sich der Gegenseite an, deren Kerntruppe aus Adeligen der bayerisch-fränkischen Grenzzone entstammte. Ein weiteres Mal wurde Franken zum Streitobjekt. Das Ringen um die Vorherrschaft wurde nun in Nürnberg entschieden, das wie Weißenburg im Süden Frankens von Heinrich III. und Heinrich IV. zu einem wichtigen Stützpunkt der Königsmacht ausgebaut worden war. 1105 belagerten die Aufrührer zweieinhalb

Monate die Burg Nürnberg, bis die kaiserliche Besatzung kapitulierte. Von Würzburg, seinem Hauptquartier aus, dirigierte der alternde Kaiser erfolglos seinen Kampf gegen den Sohn. Heinrich IV. wurde gefangen genommen und musste schließlich abdanken.

Der junge König überzeugte mit einer scheinbar reformfreundlichen Politik und gewann nicht nur den fränkischen Adel, sondern auch die bereits in großem Umfang etablierte Reichsministerialität des Landes. Im Jahr 1110 begleiteten etliche aus ihren Reihen Heinrich V. nach Rom.

Der Romzug sollte die Kaiserkrönung und eine Lösung der Investiturfrage bringen. Als Papst Paschalis II. († 1118) forderte, Besitzungen und Regalien (königliche Hoheitsrechte, die weiterverliehen werden konnten, zum Beispiel Zoll-, Steuer-, Münzrechte) der Bischöfe müssten an den König zurückfallen, brach ein Sturm der Entrüstung los. Das Reichskirchensystem wäre damit zusammengebrochen. Nicht nur für die Vertreter der Kirche hätte diese Lösung fatale Folgen gezeitigt, auch der Adel, der viele Kirchenlehen besaß und dessen nachgeborene Söhne zur Versorgung auf Bischofs- und Abtsstühle drängten, musste derartige Forderungen ablehnen.

Heinrich V. nahm den Papst gefangen, erzwang das Investiturrecht und auch die Kaiserkrönung. Exkommunikation war die Folge und ein Wiederaufleben der alten Konflikte. An der Spitze der Fürstenopposition stand der Erzbischof von Mainz, der seine Macht unter anderem durch die Anlage von Burgen festigte, zu denen auch Aschaffenburg gehörte.

Die veränderte politische Lage beeinflusste am stärksten das Bistum Würzburg, das bis 1116 treu zum Kaiser stand. Nun endlich ließ sich der Würzburger Bischof von Heinrichs Gegnern überzeugen. Er tat wegen seiner bisherigen Kaisertreue offen Buße, verweigerte jeden Umgang mit Heinrich und trat schließlich offen der Opposition bei.

Dieser Parteiwechsel war für den kinderlosen Kaiser Grund genug, seine staufischen Neffen, Friedrich und Konrad, als Verstärkung nach Franken zu holen. Sie hatten bereits zu Anfang des Jahrhunderts das Erbe der ausgestorbenen Grafen von Rothenburg-Comburg angetreten, nun erhielt Konrad von

Staufen einen Rang, der bis zu diesem Zeitpunkt in den Quellen nur verschwommen greifbar ist. Der Chronist Ekkehard von Aura schrieb zum Jahr 1116, Kaiser Heinrich V. habe im Zorn über den Abfall des Würzburger Bischofs, den *ducatum orientalis Franciae* (Dukat über Ostfranken), der nach einer alten Verfügung der Könige dem Hochstift Würzburg zustehe, dem Sohn seiner Schwester, nämlich Konrad, übertragen.

Ducatum orientalis Franciae

Der Dukat über Ostfranken ist eine schwer zu fassende Stellung. Sicher handelte es sich nicht um ein Herzogtum im Sinne eines Stammesherzogtums, wie in Bayern oder Schwaben. Die Würde erwuchs vielmehr aus der gewohnheitsrechtlichen Verfügung über die ursprünglich königlichen Grafschaften, die die Bischöfe im Laufe der Zeit erhalten hatten. Sämtliche Rechte müssen während des 11. Jahrhunderts zu einem komplexen Anspruch im Sinne einer vom König delegierten Regierungsgewalt geworden sein, die nun dem Würzburger Bischof entzogen und Konrad übertragen wurden.

1120 gab Heinrich die Würde wieder an den Bischof zurück, ohne dass die Staufer ihre Stellung in Franken verloren hätten. Ganz im Gegenteil, Konrad konnte in den östlichen Mainlanden Fuß fassen, er verfügte über den Reichsgutkomplex Nürnberg und gewann zunehmend Einfluss in Würzburg.

Heinrich V. gelang die Lösung der Investiturfrage schließlich doch. Im Herbst 1121 wurde auf einem Hoftag in Würzburg der Frieden beschlossen, der im September 1122 mit dem Wormser Konkordat seine formelle juristische Bestätigung fand. Dem Kaiser verblieb die Investitur der Bischöfe mit den Temporalien, den weltlichen Regierungsrechten, während die geistlichen Rechte künftig nach kanonischem Recht verliehen wurden.

Franken und die Staufer

Der plötzliche Tod Heinrichs V. 1125 führte zum Kampf um die Thronfolge. Er riss gerade in Franken tiefe Gräben. Der Neffe Heinrichs, Konrad, sah sich als rechtmäßiger Nachfolger der Salier und dachte nicht daran, sein Erbe dem Sachsen Lothar von Supplinburg (1075–1137) zu überlassen, dem mächtigsten Fürsten nördlich des Mains, der zum König gewählt worden war. Franken hatte damit einen neuen Krieg, der wiederum im Ringen um Nürnberg kulminierte. Lothar konnte sich Würzburgs bemächtigen, Nürnberg belagerte er 1128 allerdings vergeblich. Hier oder in Forchheim ließ sich Konrad zum König ausrufen, doch die staufische Macht in Franken reichte nicht aus, um eine grundsätzliche Wende herbeizuführen. 1135 musste sich Konrad von Staufen in Bamberg König Lothar unterwerfen, der ihn begnadigte und ihm alle Besitzungen und Ämter beließ.

Franken nahm in der politischen Konzeption Lothars einen wichtigen Platz ein. Er hatte die Absicht, seinem Schwiegersohn, Herzog Heinrich dem Stolzen von Bayern (1108–1139), auch das Herzogtum Sachsen zu übertragen und ihn zu seinem Nachfolger zu bestimmen. Heinrich hätte sich damit auf zwei Herzogtümer stützen können, denen als Bindeglied nur die fränkische Königsprovinz fehlte. Die drei Territorien in Personalunion verwaltet, hätten dem Königtum eine ganz neue Machtgrundlage verschafft. Der Tod Lothars 1137 und das schnelle Eingreifen Konrads machten die Pläne Heinrichs des Stolzen zunichte. Der Staufer ließ sich in einer Nacht-und-Nebelaktion zum König wählen und in Aachen krönen. Im Laufe weniger Wochen schlossen sich ihm fast alle Fürsten an.

Würzburg, die heimliche Hauptstadt

Konrad III. (1093–1152) machte Franken zum Mittelpunkt der staufischen Herrschaft. Das war umso notwendiger, als dem König kein eigenes Herzogtum als Basis zur Verfügung stand. Er hielt sich deshalb so häufig in Franken auf wie kein anderer mittelalterlicher Herrscher. Besonders eng waren seine Beziehungen zum Bischof von Würzburg, der zu einem wichtigen Vertrauten wurde, und zu Nürnberg, dessen Umland als Reichsland immer größere Bedeutung gewann. Würzburg, von Konrad als „cor nostrum", als Zentrum des Reiches, bezeichnet, avancierte zur heimlichen Hauptstadt, die für diesen hohen Rang teuer bezahlen musste: Bis an den Rand des wirtschaftlichen und finanziellen Ruins hatten die Bischöfe die Reichslasten der Heerfahrten und der Herbergspflicht zu tragen.

Konrad starb im Februar 1152 während eines Hoftags in Bamberg und wurde hier im Dom neben Heinrich II., der 1146 heiliggesprochen worden war, beigesetzt. Auf dem Sterbebett empfahl Konrad den Fürsten die Wahl seines Neffen Friedrich von Staufen zum neuen König.

Friedrich I. Barbarossa (1122–1190) war ein Mann des Ausgleichs. Schon die ersten Regierungsmaßnahmen des neuen Königs zeigten, dass er bestrebt war, bestehende Gegensätze zu überbrücken und seine Regierung im Bündnis mit Reichsfürsten und Adel zu beginnen. Es gelang ihm nach Jahrzehnten bürgerkriegsartiger Zustände, in Franken eine politische Stabilisierung zu erreichen. Er machte die geistlichen Fürsten zu engen Bündnispartnern seiner Politik und lancierte, wann immer möglich, Männer seiner Wahl auf die Bischofsstühle. Zu einem seiner wichtigsten Berater wurde Bischof Eberhard II. (1100–1170) von Bamberg.

Besonderen Stellenwert hatten für den 1155 zum Kaiser gekrönten Friedrich wiederum Nürnberg und Würzburg. In Nürnberg hielt er sich zwölfmal, in Würzburg achtzehnmal auf, ein deutliches Indiz dafür, wie wichtig ihm das staufische Erbe in Franken war. 1156 vermählte er sich in Würzburg in zweiter Ehe mit Beatrix von Burgund, hier wurde die Heiligsprechung Karls des Großen erreicht und hier fand 1180 der wichtige Hoftag statt, auf dem Heinrich der Löwe (1129–1195) geächtet wurde und seine Herzogtümer Sachsen und Bayern verlor.

Wie sehr Friedrich den Würzburger Bischof für seine Reichspolitik benötigte, zeigt eine am 10. Juli 1168 in Würzburg ausgefertigte Urkunde. Kaiser Friedrich I. verlieh dem Bischof von Würzburg die volle Gewalt im Bistum und „Herzogtum" Franken. Dieses „Güldene Freiheit" genannte Privileg bestätigte dem Bischof die Gerichtsbarkeit und die „herzoglichen" Rechte innerhalb der Grenzen des Hochstifts. Als sichtbares Abzeichen ihres Ranges führten die Bischöfe von Würzburg bis zur Säkularisation 1803 ein Schwert als Insignie.

Würzburg kam seit dem frühen 11. Jahrhundert eine ständig wachsende Führungsrolle zu. Es war nicht nur die größte und wirtschaftlich stärkste Stadt in Franken, sondern mit 4000 bis 5000 Einwohnern einer der bedeutendsten Orte des ganzen nordalpinen Reiches. Würzburg verfügte über alle Merkmale einer Stadt: Es war mit einer festen Mauer umgeben, besaß einen eigenen Rechtsbezirk und einen ständigen Markt, der sich zu einem zentralen Warenumschlagsplatz entwickelt hatte. Dass die Stadt verkehrsgünstig am Schnittpunkt bedeutender Fernwege lag, war Voraussetzung für den zügigen Warenabsatz und machte Würzburg zu einem Kommunikationszentrum ersten Ranges: Adelige, Ministerialen, Kaufleute und Kleriker trafen sich hier.

Die Stadt war jedoch nicht nur ein politisches und wirtschaftliches, sondern ebenso ein geistiges Zentrum. In der Domschule und in den Stiftsschulen von Haug und Neumünster wurden neben den Klerikern für die Diözese auch die Nachwuchskräfte für den Königsdienst ausgebildet: als Schreiber in der königlichen Kanzlei und – meist darauf aufbauend – als Kandidaten für Domherrenstellen und Bischofsstühle.

Die Vorrangstellung Würzburgs bezog sich auf den Norden der „Francia orientalis". Der Süden Frankens war stärker von der Stauferherrschaft geprägt. Dies führte schließlich zu einer Zweiteilung des Landes, zumal Friedrich I. zielstrebig die Verbindung von Rothenburg ob der Tauber nach Nürnberg und die Schaffung weiterer städtischer Stützpunkte ins Auge fasste.

Wolfram von Eschenbach

„Sein Herz hat alle Weisheit inne, eines Laien Mund hat nie besser gesprochen", schrieb bewundernd Wirnt von Gravenberc (Gräfenberg, Lkr. Forchheim), ein Kollege und Zeitgenosse, über Wolfram von Eschenbach.

Wolfram von Eschenbach, der Verfasser des „Parzival", gilt als einer der bedeutendsten Dichter deutscher Sprache. – Miniatur aus der Manessischen Liederhandschrift, 14. Jahrhundert.

Wolframs Geburts- und Sterbejahr sind unbekannt. Nur aus seinen Werken lassen sich ungefähre Daten seiner Schaffenszeit entnehmen. „Parzival" und „Willehalm", die beiden großen Versromane, sind wohl zwischen 1200 und 1220 entstanden. Er dürfte folglich etwa 1170/1180 geboren worden sein. Als seinen Herkunftsort gab er selbst stets Eschenbach, das heute nach ihm benannte Wolframs-Eschenbach (Lkr. Ansbach), an. Über seine Standeszugehörigkeit, seine Lebensverhältnisse und seine Familie ist so gut wie nichts bekannt. Er war wohl Ritter, wahrscheinlich wenig begütert und auf die Unterstützung von Gönnern angewiesen. Als seinen Herrn bezeichnete er den Grafen von Wertheim, der nicht sein einziger Mäzen blieb.

Wolfram ist unter den mittelhochdeutschen Dichtern sicher der selbstständigste und eigenwilligste. Seine subjektive, durchaus humorvolle Erzählweise und seine hintersinnige Sprache voller neuer Wortschöpfungen lassen – ganz ungewöhnlich für seine Zeit – das selbstbewusste künstlerische Ich hervortreten. Die seine Epoche stets bewegende Frage, wie die Bewältigung der Welt in Einklang mit dem Heil der Seele zu bringen sei, versuchte er in seinen Romanen mit tiefer Frömmigkeit zu lösen. Adolf Muschg (* 1934), ein bekannter Schweizer Schriftsteller und Literaturwissenschaftler, hält Wolfram von Eschenbach für den wichtigsten Dichter deutscher Sprache.

Neue staufische Stützpunkte

Der Tod Barbarossas 1190 schien in Franken trotz aller stabilisierender Maßnahmen seit Beginn der Stauferherrschaft doch eine Reihe von Problemen geschaffen zu haben. Die Reichslandpolitik wurde bis weit in das 13. Jahrhunderts hinein noch verstärkt. Friedrich I. hatte am Rand des Nordwestspessarts in Gelnhausen eine neue, prächtige Pfalz errichtet. Jetzt baute sein Enkel Friedrich II. (1194–1250) noch die Pfalz Seligenstadt am Main. Im Südwesten entstand die Kaiserpfalz Wimpfen am Neckar, unweit der alten Würzburger Westbastion Heilbronn. In den Kernräumen Frankens breitete sich das staufische Reichsland von Nürnberg nach Nordosten in Richtung Eger, nach Westen in Richtung Rothenburg mit dem neuen Stützpunkt Lenkersheim (Bad Windsheim) und nach Südwesten in Richtung Nördlingen und Donauwörth mit Basis in Weißenburg aus. Schließlich verstärkte sich der staufische Zugriff auf Schweinfurt.

Die Stauferorte in Franken wurden mit besonderem Königsschutz ausgestattet, um sie in das werdende Reichsterritorium zwischen Rothenburg und Nürnberg integrieren zu können. Lenkersheim erhielt das Marktrecht, offensichtlich eine Aktion gegen den Würzburger Bischof, der im benachbarten Windsheim den Markt ausgebaut hatte. Schwabach, südwestlich von Nürnberg gelegen, altes fränkisches Königsgut, später staufisches Lehen, um 1160 der Zisterze Ebrach geschenkt, wurde nun zurückgekauft, um das Königsgut um Nürnberg zu stärken.

Friedrich II. war im September 1211 in Nürnberg von süd- und mitteldeutschen Fürsten zum König gewählt worden. Als er 1212 nach Deutschland kam, schlugen sich die meisten Reichsministerialen auf seine Seite. Die fränkischen Bischöfe entschieden sich ein Jahr später für den Staufer. Vor allem Bischof Ekbert von Bamberg bemühte sich um eine enge Verbindung zu Friedrich.

1216 wurde sein fünfjähriger Sohn Heinrich nach Deutschland gebracht. Dessen Wahl zum König 1220 musste der Vater mit einem Privileg „bezahlen", das jede königliche Expansion in geistlichen Gebieten und Städten untersagte und so letztlich den Ausbau der Hochstifte förderte. Der Würzburger Bischof, Otto von Lobdeburg († 1223), war wesentlich an der Formulierung des Vertrags beteiligt.

Für das politische Geschehen in Franken während der Jahre bis 1235 war der junge, ehrgeizige und sprunghafte König bestimmend. Schon als Unmündiger suchte er politische Aufgaben. Sein Tätigkeitsfeld wurde neben Schwaben Franken. Während sich sein Vater auf die Fürsten stützte, suchte Heinrich seine Verbündeten – sieht man vom Würzburger Bischof ab – bei den Städten und den Klöstern. Heinrich ist zweiundzwanzigmal in Nürnberg, zwölfmal in Würzburg, dreimal in Weißenburg und einmal in Ansbach bezeugt.

Durch Heinrichs Favorisierung der Städte sahen die Reichsfürsten ihre Interessen massiv gefährdet. 1231 konnten sie den König zur Aufgabe seiner politischen Linie und zu wichtigen Zugeständnissen zwingen. Kaiser Friedrich II. musste dieses Übereinkommen der Fürsten mit seinem Sohn 1232 im „Statutum in favorem principum" (Statut zugunsten der Fürsten) bestätigen. Wiederum war der Würzburger Bischof maßgeblich an der Fassung des Textes beteiligt.

Bereits zu Beginn der 40er-Jahre des 13. Jahrhunderts begann sich die Opposition gegen Friedrich II. im Reich zu formieren. Der endgültige Bruch erfolgte mit dem Konzil von Lyon 1245. Der Papst war fest entschlossen, die für den Kirchenstaat bedrohliche Staufermacht zu brechen und dem Kaiser alle Rechte und Würden abzuerkennen. Jetzt begann ein unnachgiebiger Kampf zwischen Papst und Kaiser, dem sich letztlich auch die fränkischen Bischöfe stellen mussten. Der Würzburger Bischof Hermann († 1254), vor Jahren enger Mitarbeiter König Heinrichs (VII.), wechselte sofort zur päpstlichen Seite über, genauso wie der Eichstätter Bischof. Wenigstens den Bamberger Bischofsstuhl konnte der Kaiser noch einmal mit einem Gewährsmann besetzen.

Auf Wunsch des Papstes gehörte der Würzburger Bischof zu den Wählern des Thüringer Landgrafen Heinrich Raspe, der nun als König gegen Friedrichs Sohn Konrad IV. (1228–1254) stand. Raspe starb jedoch schon im Februar 1247. Im Oktober desselben Jahres wurde daraufhin Wilhelm II. von Holland (1227–1256) zum neuen Gegenkönig gewählt. Er konnte sich allerdings erst nach dem Tod Friedrichs II. 1250 durchsetzen und drängte nun Konrad nach Italien ab. Um den Italienzug zu finanzieren, musste der Staufer wichtiges Reichsgut verpfänden. Dazu gehörte die Stadt Rothenburg, die er seinem Getreuen Gottfried von Hohenlohe übergab. Auf dem Weg nach Italien nahm Konrad eine weitere, für Franken tiefgreifende Verpfändung zugunsten eines Grafen aus dem Ries vor, dessen Geschlecht seit 100 Jahren die Staufer unterstützt und sich systematisch in den mittelfränkischen Raum vorgeschoben hatte:

Ludwig von Oettingen erhielt Dinkelsbühl und den wichtigen Ort Aufkirchen (Gemeinde Gerolfingen, Lkr. Ansbach) mit seiner Zollstätte, an einem der Wörnitzübergänge und am Fernstraßenabschnitt Dinkelsbühl–Weißenburg gelegen. Damit ging ein bedeutender Stützpunkt staufischer Hausmachtpolitik in Franken verloren.

Kann schon für die letzten Jahre Friedrichs II. von einer festen Reichsgewalt als Ordnungskraft kaum mehr gesprochen werden, so gilt dies umso mehr für die Zeit nach dem Aufbruch Konrads IV. in den Süden.

In den Jahren nach 1250 kam das Reichsgut um Nürnberg zunehmend unter den Einfluss des bayerischen Herzogs Ludwig II. (1229–1294). Ludwig war Onkel und Vormund des letzten Staufers Konradin (1252–1268) und ein entschiedener Verteidiger der Rechte und Erbansprüche seines Mündels gegenüber Papst und eventuellen Thronaspiranten. Von 1262 an unterstützte Ludwig Konradin tatkräftig bei der Rückeroberung staufischer Positionen in Süddeutschland, ab 1266 förderte der Herzog auch die Pläne des jungen Staufers, sein italienisches Erbe zurückzugewinnen. Ludwig setzte sich keineswegs uneigennützig für sein Mündel ein: Er ließ sich und seinen Bruder zum Universalerben Konradins erklären und für die vorgestreckten Geldsummen die staufischen Besitzungen verpfänden.

Die Endphase der Stauferzeit, die kaiserlose „schreckliche" Zeit, war für Franken eine schwierige Periode: Die Beziehungen zum Reichsoberhaupt lösten sich zwar nicht, aber sie wurden lockerer. Die nach 1273 gestarteten Versuche, entfremdetes Reichsgut zurückzugewinnen und daraus nach staufischem Vorbild erneut ein königliches Territorium in Franken mit den Städten als Zentren zu formen, misslang. Das Erbe des Königtums traten die Fürsten an. Damit war die künftige Staatlichkeit Frankens mit ihrem Gewirr kleiner und kleinster Gebiete grundgelegt.

Die Andechs-Meranier

An politischem Gewicht konnte sich der weltliche Adel Frankens nicht mit den geistlichen Fürsten in Würzburg und Bamberg messen. Die Spuren der meisten frühen Adelssippen – vorrangig Grafen, die einem Gau vorstanden – verschwinden bereits im 10. Jahrhundert im Dunkel der Geschichte. Zu den ersten großen, reich und mächtig gewordenen Adelsfamilien, die eine herzogsähnliche Position anstrebten, gehörten die Grafen von Schweinfurt. Doch auch sie starben schon 1057 im Mannesstamm aus. Ihr umfangreiches Erbe ging an die weiblichen Nachfahren des letzten Schweinfurters und zersplitterte damit gänzlich.

Gisela von Schweinfurt hatte sich mit Graf Arnold von Andechs verheiratet, der aus einer bayerischen Adelsfamilie stammte. Benannt wurde sie nach der Burg Andechs am östlichen Ufer des Ammersees. Mit der Eheschließung wurden die Andechser in Oberfranken ansässig, denn zum Erbe Giselas gehörten Besitzungen um Kulmbach und Bayreuth. Sie wurden zum Mittelpunkt der andechsischen Herrschaft am Obermain.

Der Ort Kulmbach („Kulma") selbst gehörte nicht zum Erbe, er war im Besitz des bedeutendsten Grundherren Oberfrankens, des Hochstifts Bamberg. Die Andechser, nun unmittelbare Nachbarn Bambergs, übernahmen oder erbauten auf ihrem Teil des Kulmbacher Gebietes die Burg „Plassenperch", oberhalb der heutigen Plassenburg auf dem Buchberg.

Fast zwangsläufig musste das Nebeneinander von Bamberger und Andechser Territorium zum Konflikt führen. So ist denn auch die erste Phase (bis 1177) der gut 100-jährigen andechsischen Herrschaft in Oberfranken von der Rivalität mit Bamberg bestimmt. Als der Andechser Graf Poppo I. († 1148) um 1130 einen weiteren Anteil am Schweinfurter Erbe erheiratete, nämlich Lichtenfels, Giech und Scheßlitz, musste der Bamberger Bischof handeln. Die Andechser drohten zu mächtig zu werden.

Der Bischof sorgte dafür, dass die Ehe Poppos geschieden wurde, sicher mit der Begründung zu naher Verwandtschaft, ein probates Mittel, um unliebsame Eheschließungen anzufechten. 1142 wurde der Ehevertrag annulliert und das Schweinfurter Erbe dem Hochstift Bamberg übergeben. Poppo dachte jedoch nicht daran, sich so einfach ausbooten zu lassen. Er griff zu den Waffen und wurde dabei von seinem Bruder Berthold III. († 1188), einem erfolgreichen Reichspolitiker, unterstützt. 1149 beendete ein Vertrag das Tauziehen um Lichtenfels und Giech und führte endlich zu einem Interessensausgleich zwischen den Andechsern und Bamberg.

Mit der Wahl Ottos von Andechs († 1196) zum Bischof von Bamberg im Jahr 1177 begann die zweiten Phase des andechsischen Jahrhunderts (1177–1234/37), in der sowohl die weltliche als auch die geistliche Gewalt am Obermain in den Händen der Familie lag. Die Herren der Plassenburg hatten einen entscheidenden Schritt zum weiteren Ausbau ihrer Macht getan.

Der Sturz Heinrichs des Löwen 1180 kam den zusehends einflussreicher werdenden Andechsern sehr gelegen, gab es doch einiges zu verteilen, darunter das Herzogtum Bayern. Hier liefen ihnen jedoch die Wittelsbacher den Rang ab. Für die Andechser blieb, gewissermaßen als Trostpreis, nur die Herzogswürde über Meranien, einem Landstrich an der dalmatinischen Küste, den kaum jemand im Reich kannte. Es handelte sich um einen leeren Titel ohne jeglichen Machtzuwachs, aber immerhin, die Aufsteiger waren nun Herzöge von Andechs-Meranien.

Ausbau der Herrschaft

Nach dem Aussterben der Grafen von Abenberg um 1200 ging nun auch die Grafschaft im Radenzgau an die Andechser über. Damit hatten sie die Gerichtsgewalt in den größten Teilen Oberfrankens an sich gezogen. Aber damit gaben sie sich keineswegs zufrieden. In den Jahrzehnten des gemeinsamen Einflusses verfolgten die Andechser auf der Plassenburg und auf dem Bamberger Domberg vorrangig das eine Ziel: den weiteren Ausbau der andechsischen Herrschaft in Oberfranken. Eines der bambergisch-kulmbachischen Gemeinschaftsprojekte war die Rodung des Nordwaldes, der später den Namen Frankenwald erhielt.

70

Um den Machtbereich noch auszuweiten, gingen die Herzöge daran, Städte zu gründen. Vor allem Otto VII. († 1234), seit 1208 Pfalzgraf von Burgund, dessen blühende Städtelandschaft ihn wohl beeindruckte, engagierte sich in besonderem Maße. Wenigstens sechs Städte wurden von den letzten Herzögen des Geschlechts gegründet: Kulmbach, Bayreuth, Hof, Lichtenfels, Scheßlitz und Weismain, alle an wichtigen Fernstraßen gelegen. Bei anderen Orten ist eine andechs-meranische Gründerschaft nicht ausgeschlossen, zu ihnen gehören Coburg, Herzogenaurach oder Kronach.

Die Städtegründungen verliefen nach einem ähnlichen Schema: Neben einer älteren Siedlung wurde eine neue, größere angelegt. Dies lässt sich gut am Beispiel Kulmbachs zeigen: Hier hatte wohl schon Berthold III. einen neuen Straßenmarkt neben dem alten, bambergischen „Kulma" gegründet. Er wurde unter Otto VII. durch die Anlage eines Marktplatzes und Ausdehnung der Siedlungsfläche zur Stadt erweitert.

Der letzte Andechs-Meranier, Otto VIII., nahm im Gegensatz zu seinen Vorfahren nur wenig Anteil an der Reichspolitik. Er widmete sich seinem Besitz in Oberfranken und begann um 1240 mit dem Neubau des Familiensitzes, der Plassenburg. Bei seinen Versuchen, den Herrschaftsraum auszudehnen, hatte er keine glückliche Hand. Wiederholt geriet er in heftige Konflikte mit dem Abt von Kloster Banz, mit dem Würzburger Bischof oder mit den Grafen von Henneberg und musste schlussendlich seine Expansionsbestrebungen aufgeben.

Herzog Otto VIII. starb 1248 ohne einen leiblichen Erben zu hinterlassen. Anspruch auf den reichen Nachlass erhoben seine Gemahlin und seine fünf Schwestern. In Franken entbrannte ein 12 Jahre andauernder Erbschaftsstreit zwischen dem Bistum Bamberg und den Gatten von drei Schwestern, dem Burggrafen von Nürnberg und den Grafen von Orlamünde und Truhendingen. Nach langem Hin und Her konnten sich die Erben einigen: Die Grafen von Truhendingen erhielten unter anderem Giech und Scheßlitz, die Nürnberger das Regnitzland und Bayreuth, die Grafen von Orlamünde die Plassenburg mit Kulmbach, Berneck, Goldkronach, Wirsberg und Trebgast. Zu den großen Gewinnern des Streits gehörten die

Grafen von Henneberg, die jedoch nicht als Erben auftraten, sondern wohl für ihren Einsatz bei den Schlichtungsverhandlungen entlohnt wurden. Ihnen waren unter anderem umfangreiche Besitzungen um Lichtenfels, vor allem aber Burg und Stadt Coburg zugefallen.

Der Königsmord zu Bamberg

Königsmord in Bamberg! Das brachte den Bischofssitz an der Regnitz in aller Munde im Reich und mit ihm seinen Bischof und das ganze Haus Andechs-Meranien. Was war geschehen?

Herzog Otto VII. von Andechs-Meranien feierte seine Vermählung mit der Nichte des Stauferkönigs Philipp. Der jüngere Bruder des Bräutigams, Ekbert, Bischof von Bamberg, traute das Paar im Bamberger Dom. Es war der 21. Juni 1208. Gegen Mittag verließen die Frischvermählten Bamberg, König Philipp begleitete sie noch vor die Stadt. Die drückende Sommerhitze setzte ihm wohl zu, er wurde von seinen Ärzten zur Ader gelassen und zog sich nun in die Pfalz zurück, um zu ruhen. Da ereignete sich das Unfassbare: Pfalzgraf Otto von Wittelsbach trat in die Räume des Königs und tötete ihn mit dem Schwert. Der Königsmörder entkam unbehelligt. Wer steckte hinter dem heimtückischen Mord?

Den größten Gewinn aus der Tat zog ohne Zweifel der neue, nun allgemein anerkannte König Otto IV., der langjährige Gegenspieler Philipps. War er der Auftraggeber? Wahrscheinlich nicht, denn er verfügte weder über die notwendigen Informationen, noch über geeignete Verbündete, um einen von langer Hand vorbereiteten Mordplan in die Tat umzusetzen. Otto bezichtigte seinerseits die Brüder Ekbert und Heinrich aus dem Hause Andechs-Meranien der Mitwisserschaft und Mittäterschaft. Immerhin hatten sie den Mörder entkommen lassen. Besonders brenzlig war die Situation für den wittelsbachischen Herzog von Bayern, Ludwig I., der durch das Verbrechen des Pfalzgrafen um die Stellung seines Hauses fürchten musste. Nichts konnte ihm gelegener kommen, als dass aller Verdacht auf die Andechser, seine schärfsten Konkurrenten in Bayern, fiel. Der ehemalige Stauferanhänger trat augenblicklich auf die Seite des Welfen Otto über, der den Mörder und die beiden andechsischen Brüder friedlos legte. Dies war eine noch schwerere Strafe als der Bann, denn aus ihr konnte man sich nicht mehr lösen.

Einen großen Teil der andechsischen Besitzungen in Bayern übertrug König Otto Herzog Ludwig, der damit sein Territorium arrondieren konnte. Ekbert und Heinrich entzogen sich der drohenden Exekution durch die Flucht zu ihren Verwandten nach Ungarn. Im Jahr 1209 wurde Otto von Wittelsbach aufgespürt und auf der Stelle getötet. Zwei Jahre später erklärten päpstliche Legaten Ekbert für unschuldig und setzten ihn wieder als Bischof von Bamberg ein. Wer nun wirklich hinter dem Mord steckte, kam niemals ans Tageslicht.

Franken im späten Mittelalter

Franken wird „vielherrig"

Seit dem 9. Jahrhundert regierten die Könige und Kaiser in Franken mit Hilfe der Bischöfe. Nur ganz allmählich war es einigen Adelsfamilien gelungen, sich durchzusetzen und eigene Positionen aufzubauen. Bis zur Mitte des 13. Jahrhunderts hatte die Adelslandschaft schließlich eine breitere Basis gewonnen, sodass sich relativ feste Besitz- und Herrschaftsverhältnisse ausbilden konnten. Nur durch Aussterben, Teilung in Familienlinien oder den Verkauf von Besitz wurden die Machtverhältnisse neu gemischt.

Zu diesen Adelsfamilien gehörten im Westen Frankens die Grafen von Rieneck, die sich in spätsalischer Zeit am Rand eines Königsgutbezirks im Spessart festgesetzt hatten, die Grafen von Wertheim und von Hohenlohe. In der Mitte Frankens saßen die Herren von Schlüsselberg und von Castell. Im Norden behaupteten sich die Grafen von Henneberg, im Nordosten die Grafen von Truhendingen und von Orlamünde. Eine Besonderheit in der fränkischen Adelslandschaft bildete ab dem 12. Jahrhundert das Ministerialengeschlecht der Pappenheimer, das seit 1193 die Reichsmarschallwürde besaß. Ihr Amtsbereich verlief in einem Bogen südlich von Nürnberg und schloss Franken gegen das Herzogtum Bayern ab.

Neben diesen weltlichen Gebieten hatte sich ein weiteres geistliches Territorium herauskristallisiert. Der Deutsche Orden, 1190 im Heiligen Land entstanden, wurde durch Stiftungen auch in Franken zu einem bedeutenden Herrschaftsträger. Die Ballei (Ordensbezirk) Franken hatte zunächst ihren Sitz in Nürnberg (1209), dazu kamen Ellingen (1216) und Mergentheim (1219). Bis 1330 erweiterte eine Vielzahl von Niederlassungen unterschiedlicher Größe das Ordensgebiet. Die bedeutendsten Besitzkomplexe lagen um Nürnberg und Mergentheim. Ellingen stieg schließlich zur Residenz der Landkomture (Komtur = Leiter eines Verwaltungsbezirks) von Franken auf. In Münnerstadt

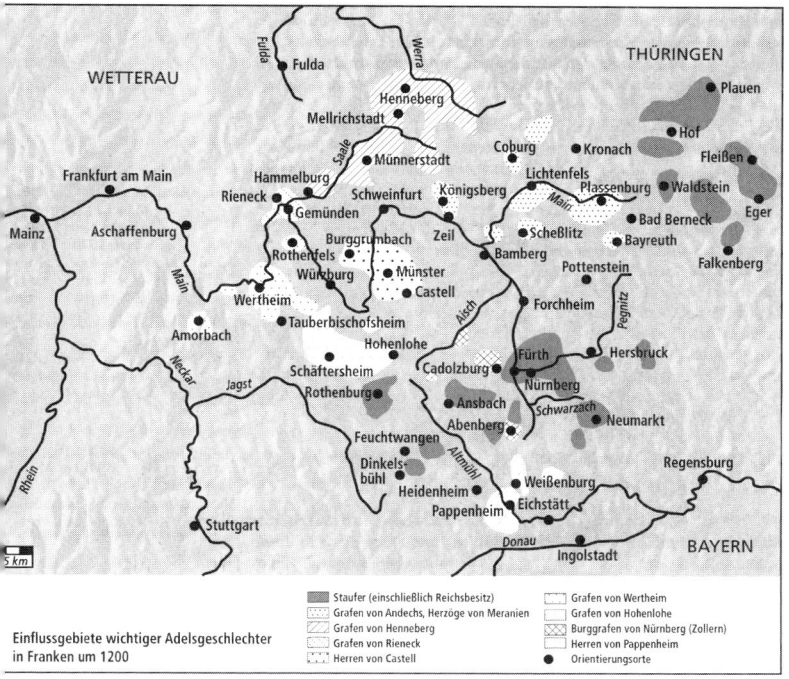

Franken um 1200.

lag das Zentrum des Ordens in der Rhön, die Burg Prozelten wurde zum Mittelpunkt des Ordensbesitzes im Mainviereck.

Während des Interregnums hatte das Königtum in Franken an Macht verloren. Dem Habsburger Rudolf I. (1218–1291) gelang es nicht, Königsgut, das in die Hände lokaler Herrschaftsträger geraten war, wieder zurückzugewinnen. Der Adel konnte so seine Position noch weiter festigen und ausbauen. Gegen die aufstrebenden Familien versuchten die geistlichen Fürsten, die Bischöfe von Würzburg, Bamberg und Eichstätt, aber auch der Deutsche Orden, Position zu beziehen. Ein äußerst labiles Gleichgewicht bildete sich aus, in dem die für Franken wichtigste Territorialherrschaft entstand: Die Zollern hatten in Franken Fuß gefasst.

Der Aufstieg der Zollern

Die Zollern, erstmals 1061 erwähnt, kamen aus Schwaben. Sie wurden nach ihrer Stammburg auf dem Hohenzollern bei Hechingen benannt. Ihren Weg nach Franken fanden die schwäbischen Edelfreien durch eine Heirat: Friedrich von Zollern († um 1200) ehelichte Sophia († 1218), die Erbtochter des Grafen von Raabs, die neben reichem Besitz in Niederösterreich auch das Nürnberger Burggrafenamt in die Ehe einbrachte. Spätestens 1192 wurde Friedrich das Burggrafenamt der staufischen Pfalz Nürnberg von Kaiser Heinrich VI. übertragen, denn er erscheint erstmals am 8. Juli dieses Jahres in einer Urkunde als „burggravius de Nurenberg". Die Stellung als kaiserlicher Verwalter in der aufstrebenden Stadt setzte natürlich ein besonderes Vertrauensverhältnis zum Reichsoberhaupt voraus. Dieser enge Anschluss an König und Kaiser sollte für Jahrhunderte die wichtigste Leitlinie der Zollern werden.

Friedrich verwaltete die schwäbischen Stammlande und die neu hinzugekommenen fränkischen Besitzungen noch in Personalunion, doch bald spaltete sich die Familie in eine schwäbische und eine fränkische Linie, die getrennte Wege gingen. Während die schwäbische Verwandtschaft über eine regionale Bedeutung nicht hinauskam, erlebten die fränkischen Zollern eine beispiellose Karriere: Von den Nürnberger Burggrafen stiegen sie zu Reichsfürsten, dann zu Markgrafen und Kurfürsten von Brandenburg, zu Königen in und von Preußen und schließlich zu Kaisern des Deutschen Reiches auf.

Grundlagen ihres Aufstiegs waren Verstand, Rücksichtslosigkeit und eine gewaltige Portion Glück, das sie brauchten, um ihre zielstrebige Territorialpolitik in die Tat umzusetzen, und sie besaßen die Eigenschaft, alles, was sie einmal in ihren Besitz gebracht hatten, nicht mehr loszulassen.

Nach der Übernahme des Burggrafenamtes bildeten sich zunächst drei große Güterzentren heraus: einmal um Neustadt-Windsheim, dann um Abenberg-Cadolzburg und schließlich um Pegnitz. Der nächste Schritt zur Expansion bot sich mit dem Erbe der Herzöge von Andechs-Meranien im Obermainland. Elisabeth († 1272), eine der drei Meranier-Schwestern, war mit Burggraf Friedrich III. († 1297) von Nürnberg verheiratet, der sich den Ostteil des Meranier-Erbes mit der Stadt und Herrschaft Bayreuth sichern konnte. Auch die Gebiete, die an die beiden Miterben gegangen waren, fielen auf Grund genealogischer Zufälle und einer berechnenden Heirats- und Erwerbspolitik noch im Laufe des 13. und im 14. Jahrhundert an die Zollern. So kauften und erbten sie um 1340 den Besitz der Grafen von Orlamünde mit der Herrschaft Plassenburg und Kulmbach und zahlreichen weiteren Burgen und Städten im Obermainland.

Die „Weiße Frau": Kunigunde von Orlamünde

Die schöne Kunigunde, Tochter des Landgrafen Ulrich von Leuchtenberg, wurde um 1305 geboren. Ihr Großvater, Otto von Orlamünde, genannt der Reiche, lebte auf der Plassenburg und auf seinen thüringischen Besitzungen. Diese erbte sein Sohn gleichen Namens, den Kunigunde 18-jährig heiratete. Der Herr Gemahl war nicht nur ein fehdelustiger Ritter und ruhmbegieriger, temperamentvoller Kriegsmann, sondern auch ein leidenschaftlicher Jäger, Trinker, Spieler, Verschwender und Schuldenmacher. Kein Wunder, dass die Ehe unglücklich wurde. Um seine drängenden Gläubiger zu befriedigen, begann Otto nach und nach Teile seines großen und reichen Erbes zu veräußern. Seine thüringischen Liegenschaften überließ er seinem Schwager, dem Grafen von Schwarzburg. Viel schlimmer aber war, dass er die stolze Plassenburg an Johann, den Burggrafen von Nürnberg, und dessen Bruder Albrecht den Schönen verkaufen musste.

Im Alter von 35 Jahren wurde Kunigunde Witwe. Ihre Trauer hielt sich in Grenzen, hatte sie doch schon seit einiger Zeit ein Auge auf den schönen Albrecht geworfen, der ihre Zuneigung erwiderte; allerdings nur solange, bis ihm eine reiche Erbin über den Weg lief. Damit brach Kunigundes Lebensglück jählings entzwei. Von wilder Eifersucht geplagt, schwor sie dem ungetreuen Zollern und seiner ganzen Familie Rache: Als Weiße Frau soll Kunigunde fünf Jahrhunderte lang erschienen sein, um einen Todesfall oder Schicksalsschlag anzukündigen. An Grenzen musste sich die Weiße Frau natürlich nicht halten, sie folgte den Hohenzollern bis nach Berlin. Hier wollte man das Gespenst 1598 acht Tage vor dem Tode des Kurfürsten Johann Georg, dann 1619 23 Tage vor dem Ableben des Kurfürsten Johann Sigismund gesehen haben. Auch die Könige Friedrich I. und Friedrich Wilhelm II. gaben an, die Weiße Frau getroffen zu haben. Ja sogar Napoleon, der am 14. Mai 1812 im Neuen Schloss in Bayreuth übernachtete, soll sie erschienen sein und ihm den unglücklichen Ausgang des Russlandfeldzugs vorausgesagt haben. Zum letzten Mal tauchte sie im Jahr 1879 in der Nacht vor dem Tod des an Diphterie erkrankten Prinzen Waldemar im Berliner Schloss auf.

Schon sehr früh erkannten die Zollern die Bedeutung und die Möglichkeiten der modernen Geldwirtschaft. So hatten sie die aus dem Meranier-Erbe stammenden Besitzungen in Burgund 1255 für die hohe Summe von 1040 Mark Silber verkauft. Mit diesem Geld erwarben sie zielstrebig mehrere Burgen, darunter die wichtige Burg Zwernitz (Sanspareil, Gemeinde Wonsees, Lkr. Kulmbach), die über 500 Jahre im Besitz der Familie blieb.

Der hochverschuldete Graf Otto von Orlamünde musste die Plassenburg an die Burggrafen von Nürnberg verkaufen.

Die Burg Zwernitz war 500 Jahre im Besitz der Zollern. – Ansicht von
Südosten.

Nach dem Zerfall des staufischen Reichslandes hatten sich
die Nürnberger Burggrafen auf die Seite Rudolfs von Habsburg
gestellt. Das brachte ihnen die Lehen Creußen (bei Bayreuth)
und Wunsiedel ein und die Umwandlung des Nürnberger Burggrafenamtes in eine Territorialgrafschaft.

Weiter gingen die Zugewinne mit der Zerschlagung der
Herrschaft der Schlüsselberger, die mit beachtlichem Erfolg am
Aufbau eines Herrschaftsgebietes mit den Zentren Waischen-
feld (Lkr. Bayreuth) und Ebermannstadt (Lkr. Forchheim)
gearbeitet hatten. Als die Schlüsselberger den Fehler begingen,
mit ihren Burgen Neideck und Streitberg die wichtige Fernhandelsstraße von Nürnberg nach Bayreuth und weiter nach
Leipzig zu sperren, schlossen sich die Nürnberger Burggrafen
kurzerhand mit den Bischöfen von Bamberg und Würzburg
zusammen und warfen 1347/48 die Schlüsselberger nieder.

Deren Gebiet wurde aufgeteilt, die Nürnberger gewannen mehrere Burgen, darunter Rabenstein, Betzenstein und Rabeneck und das wichtige Geleitrecht auf der Fernhandelsstraße über die Fränkische Alb.

Noch wichtiger für die Territorienbildung „im Land ob dem Gebürg" (Gebürg = die heutige Fränkische Schweiz, das ehemalige Muggendorfer Gebirge) war der Gewinn der Stadt und des Umlandes von Hof im Jahr 1373. Damit hatte das zollersche Gebiet im „Oberland", das spätere Fürstentum Kulmbach-Bayreuth, seine territoriale Gestalt weitgehend gefunden. Genauso zielgerichtet gingen die Zollern beim Ausbau ihres Territoriums im „Unterland", dem späteren Fürstentum Ansbach, vor. Zu den bestehenden Besitzungen erwarben sie zwischen 1331 und 1399 Ansbach, Schwabach, Gunzenhausen, Wassertrüdingen, Feuchtwangen und Uffenheim, die alle ihren finanzschwachen Herren abgekauft wurden.

Reicher Geldsegen und Machtzuwachs

Unabdingbare Voraussetzung für den Erwerb der vielen Städte, auch Dörfer und Burgen, war eine kluge Finanzpolitik. Sie beruhte auf dem reichen „Bergsegen", den vor allem der Bergbau in Oberfranken brachte. Burggraf Friedrich III. erhielt 1282 „die Gegend Wunsiedel, allwo man schon damahlen Gold und Zien (Zinn) gewaschen", als Lehen. Wunsiedel war im späten Mittelalter neben Nürnberg die einzige Stätte, an der die oberpfälzischen Schwarzbleche zu Weißblechen verzinnt wurden. Im Jahr 1324 bestätigte König Ludwig der Bayer (1281/1282–1347), dass „Unser und des Reiches Recht an dem Erzwerk, an Gold, Silber, Kupfer mit allen Gängen zwischen dem Blassenberg und Mönchberg" an die Zollern verliehen wurde. Die Erträge aus den Bergrechten ließen sich sehen, man schätzt sie auf wöchentlich 1200 bis 1600 Gulden. Die Münzen durften in eigenen Münzstätten in Bayreuth, Kulmbach und Wunsiedel geschlagen werden. Nicht nur Silbermünzen wurden geprägt, auch Goldmünzen kamen in Umlauf, denn die Zollern besaßen mit Goldkronach den Ort im Reich, an dem im ausgehenden 14. Jahrhundert das meiste Gold gewonnen wurde. Mehr als 900 Menschen sollen in den Gruben tätig gewesen sein.

Eine weitere wichtige Einnahmequelle bildeten die Zoll- und Geleitrechte an den bedeutenden Fernhandelsstraßen von und nach Nürnberg, das sich immer mehr zu einem europäischen Handelszentrum entwickelte. Wie eine Spinne im Netz saß Nürnberg an diesen überregionalen Straßen. Und die Zollern profitierten davon. Im Osten konnten sie ihr Einflussgebiet bis Eger ausdehnen, im Westen bis Frankfurt. 1364 übertrug ihnen Kaiser Karl IV. (1316–1378) schließlich das Geleit auf allen Straßen, „die durch sein gepiet gen".

Mit dem reichen Geldsegen ging der Besitzaufkauf weiter. So übertrugen die Herren von Aufseß, Giech, Guttenberg und Weißenstein Land und Burgen an die Zollern. Vor allem der verarmte und vom Aussterben bedrohte Adel des Fichtelgebirges bekam ihre Finanzkraft zu spüren. Zwischen 1321 und 1415 erwarben die Burggrafen Hohenberg, Weißenstadt, Kirchenlamitz, Selb und Thierstein. Das innere Fichtelgebirge wurde nun zu einem geschlossenen zollerschen Besitzkomplex, den man später als „Sechsämterland" bezeichnete.

Trotz aller Arrondierungsmaßnahmen blieb das Territorium ein Konglomerat aus vielen Grundherrschaften, und diese Tatsache sprach gegen eine Rangerhöhung der reichen, aber standesniedrigen Zollern. Doch Kaiser Karl IV. lag viel an einer guten Verbindung mit ihnen, schon allein deshalb, weil sie unmittelbare Nachbarn seines „Neuböhmen" waren. Er erhob die Burggrafen von Nürnberg am 17. März 1363 in den Reichsfürstenstand, obwohl mit heftigem Widerstand der mit den Zollern verfeindeten Herzöge von Bayern zu rechnen war. Gut zwanzig Jahre später hatten sich alle Wogen geglättet, die ehemaligen Edelfreien waren zu allseits anerkannten Fürsten aufgestiegen.

Die zollerschen Gebiete standen stets in der Gefahr, zersplittert zu werden. Burggraf Friedrich V. († 1398) entschied deshalb 1372, der Besitz dürfe niemals in mehr als zwei Teile zerfallen. Nach seinem Tod erhielt der Sohn Johann (1369–1420) das sogenannte „obergebirgische Land", also das Gebiet um Bayreuth-Kulmbach, sein Bruder Friedrich (1371–1440) das

„untergebirgische Land" um Ansbach. 1420 waren beide Teilfürstentümer wieder in einer Hand: Da aus der Ehe Johanns nur eine Tochter hervorging, beerbte ihn sein Bruder Friedrich, der durch eine glückliche Fügung einen bedeutenden Machtzuwachs für die Zollern gewonnen hatte.

Friedrich VI. von Zollern war Schwager des in Nürnberg geborenen Sohnes Kaiser Karls IV., Sigismund (1368–1437), der Kurfürst von Brandenburg und König von Ungarn war. Der Zoller unterstützte seinen Schwager 1387 bei der Wahl zum deutschen König und als Dank ernannte Sigismund seinen Wahlhelfer zum Landeshauptmann der Mark Brandenburg. 1415 verlieh er Friedrich schließlich die erbliche Würde eines Markgrafen und Kurfürsten von Brandenburg.

An der Nürnberger Burggrafschaft hatte der frisch gebackene Kurfürst nicht mehr lange Freude. Die immer größer werdenden Machtansprüche brachten den Burggrafen zunehmend in Konflikt mit den benachbarten Wittelsbachern, dem Bischof von Würzburg und – ganz naheliegend – mit der Reichsstadt Nürnberg. 1420 eskalierten die Auseinandersetzungen. Truppen Herzog Ludwigs VII. von Bayern-Ingolstadt (1368–1447) zerstörten die Nürnberger Burggrafenburg, die nicht mehr aufgebaut wurde. Sieben Jahre später verkauften die Zollern Burg und Amt an die Reichsstadt Nürnberg. Die staatsrechtliche Existenz der Burggrafschaft Nürnberg hatte damit aufgehört.

„Unter den flügln des adlers": die fränkischen Reichsstädte

Alle weltlichen und geistlichen Territorien in Franken hatten sich nach innen und außen fast vollständig abschließen und festigen können, sodass der Einfluss des Königs/Kaisers nun weitgehend zurückgedrängt war, auch wenn er selbstverständlich weiterhin als Reichsoberhaupt anerkannt wurde.

Ganz anders gestaltete sich dagegen das Verhältnis der fränkischen Reichsstädte zum Reich und seinem Oberhaupt. Reichsstädte waren „reichsunmittelbar", das heißt alleiniger

Stadtherr war der König beziehungsweise Kaiser, und das brachte beträchtliche Gefahren mit sich. Bei akuter Finanznot oder wegen politischer Erwägungen konnte der königliche/kaiserliche Stadtherr „seine" Städte verpfänden. Der neue Stadtherr beanspruchte dann die vormals königlichen Rechte und griff in das Gerichtswesen, die Verwaltung oder das Steuerwesen der Stadt ein. Mediatisierung, also das Herabsinken zu einer „Territorialstadt", die einem Landesherren unterstand, drohte. So erging es Lenkersheim (Lkr. Neustadt/Aisch-Bad Windsheim) und Feuchtwangen, die an die Burggrafen von Nürnberg fielen, und auch Aufkirchen (Lkr. Ansbach), das an die Grafen von Oettingen ging. Die Orte konnten sich aus ihren Pfandschaften nicht lösen und verloren ihren Status als Reichsstadt für immer.

Dinkelsbühl, Rothenburg, Schweinfurt, Weißenburg und Windsheim wurden mehrfach verpfändet, doch ihnen gelang es, sich mit enormen Geldmitteln freizukaufen. Diese Selbst-

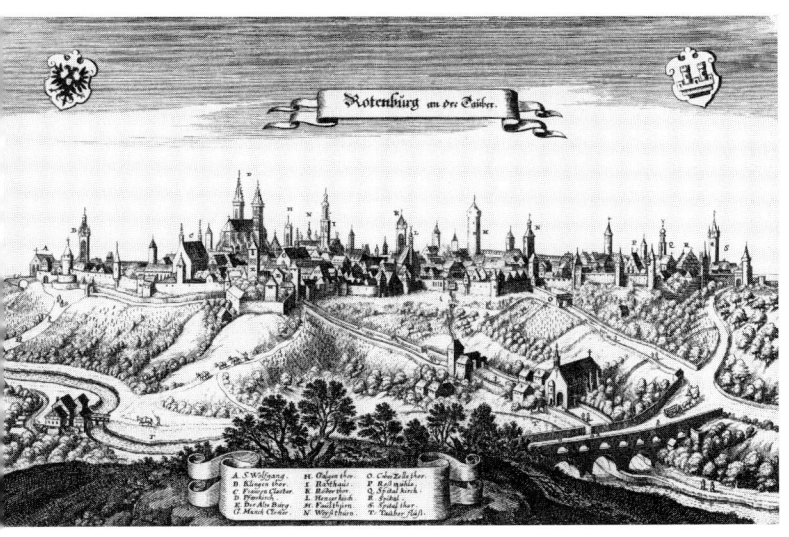

Rothenburg wurde durch den Erwerb umfangreichen Landgebiets zur zweitmächtigsten Reichsstadt in Franken. – Stich von Matthaeus Merian, um 1648.

auslösungen schützten leider nicht vor Neuverpfändungen. Es war deshalb das erklärte Ziel der Reichsstädte, sich ein „Privilegium de non aliendo" zu verschaffen, die Zusage künftiger Unverpfändbarkeit, um „unter den flügln des adlers" (Königs/Kaisers) bleiben zu können. Dieses Privileg gab es selbstverständlich nicht ohne entsprechende Geldzahlungen.

Eine nicht geringe Zahl kleinerer und größerer Orte unternahm den Versuch, den Status einer Reichsstadt zu erwerben und aus der landesherrlichen Abhängigkeit zur Reichsfreiheit aufzusteigen. Sie scheiterten jedoch, unter anderem eben wegen der Verpfändungspraktiken. Dazu gehörten Heidingsfeld (Würzburg), Mainbernheim, Prichsenstadt (beide Lkr. Kitzingen) oder auch die Stadt Würzburg.

Im Laufe des 14. und 15. Jahrhunderts endete zumeist die Möglichkeit der Verpfändung, da der König/Kaiser als Stadtherr keine verpfändbaren Rechte mehr besaß. Er blieb zwar de jure oberster Herr, de facto war er nur noch politischer Schirmherr, auch wenn er noch einige Ansprüche als Reichsoberhaupt, dazu gehörte die Beherbergungspflicht, geltend machen konnte.

Neben reichsunmittelbaren Städten gab es reichsunmittelbare Dörfer. Karl IV. sprach von „Unser und des reichs dorff", wenn er die besondere Rechtssituation eines solchen Ortes beschrieb. Reichsdörfer unterstanden ebenso wie die Reichsstädte keiner Landes-, Adels- oder Kirchenherrschaft. Sie waren entweder von Grundherrschaften frei oder verschafften sich durch die Konkurrenz verschiedener Grundherren weitgehende Freiheiten, die sie entschieden gegen jeden Eingriff von außen verteidigten. Zu diesen Reichsdörfern – sie konnten sich bis zur Mediatisierung 1802/03 halten – gehörten Sennfeld und Gochsheim (beide Lkr. Schweinfurt).

In der Gunst des Kaisers: Nürnberg

Schon unmittelbar nach seiner Wahl zum König im Jahr 1314 (eigentlich Doppelwahl zusammen mit Friedrich dem Schönen) griff Ludwig der Bayer in Franken ein. Ludwig, dem als unbedeutenden oberbayerischen Herzog die Hausmacht und vor

Die Reichsstadt Nürnberg stieg im Laufe des Mittelalters zu einer der führenden Territorialmächte in Franken auf. – Darstellung aus der Schedelschen Weltchronik, 1493.

allem Geld fehlte, war auf die Hilfe und Unterstützung der reichen Städte angewiesen. Er verlieh und bestätigte ihnen eine Vielzahl von Rechten, natürlich gegen bare Münze. Dazu gehörten Zoll- und Geleitrechte, die Münzhoheit und Steuererleichterungen.

Ein besonders enges Verhältnis verband Ludwig mit Nürnberg, das nun unter den fränkischen Reichsstädten eine Führungs- und Sonderstellung einnahm. Vierundsiebzig Mal hielt sich der Wittelsbacher in der aufstrebenden Stadt der Technik, Wissenschaft, Künste und der Kaufleute auf, wohl auch deshalb, weil hier sein Hausbankier lebte, Konrad Groß, der Gründer des Heilig-Geist-Spitals. Um ihn rankt sich eine Nürnberger Sage, die eine Erklärung für den die Zeitgenossen sehr beeindruckenden Reichtum des Groß gibt.

Der grindige Heinz

„Konrad stammte aus dem Geschlecht der Heinzen, einer altange-
sehenen Bürgerfamilie zu Nürnberg. Die waren allesamt stattliche
Leut. Der Konrad war sogar um ein Haupt länger als seine
Geschwister. Deshalb hieß er kurzweg nur ,der Groß'. Und diesen
Namen mag er wohl lieber gehört haben als den andern. Man
nannte ihn nämlich heimlich den ,grindigen Heinz', denn seit seiner Kindheit hatte er an einem üblen Ausschlag zu leiden, der
seine Haut mit garstigen Flecken bedeckte.
Eines Tages setzte er sich auf der Flucht vor den Menschen, die ihn
wegen seines Aussehens verspotteten, auf eine Bank und schlief
ein. Im Traum fand er eine Truhe und darin eine Fülle Gold- und
Silbermünzen. Da kam dem Konrad im Traum die Besorgnis, er
könne die Stelle nicht wieder finden. Deshalb pflückte er 13 Blät-
ter vom Ast eines Lindenbaums. Die ließ er auf die Stelle fallen,
wo der Schatz lag. Als er erwachte, lag da wirklich ein Häuflein
Lindenblätter. Gleich rief der Heinz den Knecht, der die Stelle aus-
hob. Sie fanden eine schwere Truhe, die bis obenauf mit Gold- und
Silbermünzen gefüllt war. So hatte der Groß zu seinem alten
Reichtum noch einen neuen bekommen.
Der Verspottete und Gemiedene hatte aber ein Herz für die Kran-
ken und Verlassenen. Darum kaufte er eine Wiese an der Pegnitz,
ließ ein Spital darauf bauen und nannte es ,Zum Heiligen Geist',
weil er glaubte, der Heilige Geist habe ihm den Traum eingegeben.
Zu den ersten Insassen des Spitals gehörte ein altes Mütterchen.
Es verstand sich auf vergessene Rezepte aus Kräutern und Fetten.
Diese Alte gab dem Herrn Heinzen bald eine Dose mit einer Salbe,
mit der rieb sich Konrad die grindige Haut ein und schon nach
wenigen Tagen war er von dem Übel befreit. Als der Kaiser von
diesem Wunder hörte, schenkte er ihm viele Ehren gleich anderen
vornehmen Bürgern der Stadt und erlaubte ihm, künftig ein Wap-
pen zu tragen, das 13 Lindenblätter zeigte."

Drehscheibe internationaler Warenströme

Nürnberg wurde zum Hauptgewinner der Städtepolitik Ludwigs des Bayern. In einem umfangreichen Privileg erhielt die

Stadt die Garantie der Zollfreiheit in 71 Orten Mitteleuropas. Das weitgespannte Handelsnetz der Nürnberger Kaufleute war damit endgültig abgesichert.

Nicht nur Ludwig setzte auf die Nürnberger, auch sein Nachfolger, Karl IV., sicherte ihnen seine Unterstützung zu. Er brauchte für den Aufbau seines „Neuböhmischen Reiches" und des Oberpfälzer Montanreviers die großen Nürnberger Unternehmen und ihr Kapital. Im Gegenzug eröffnete er ihnen den Zugang nach Ungarn, wo in den Karpaten die reichsten Vorkommen an Kupfer, Gold und Silber lagen.

In Venedig überflügelten jetzt die Nürnberger Firmen die bisher führenden Regensburger und gewannen so entscheidenden Einfluss auf die Märkte in Europa, im Besonderen bei den begehrten Orienterzeugnissen, bei Gewürzen, Drogen, Baumwolle, Seide und anderen Luxusgütern.

Unter dem Schutz des Kaisers weiteten die Kaufleute ihren Fernhandel bis zu den Nord- und Ostseeländern aus. Sie verdrängten die Hanse aus Polen und fassten in Spanien Fuß. Im „Heldenzeitalter der Nürnberger Wirtschaft" bauten die großen Firmen mit Mut zum Risiko und neuartigen finanz- und betriebswirtschaftlichen Methoden das Netz der Handelsfreiheiten aus und dirigierten die Handelsströme zu den Weltmärkten ihrer Zeit.

Fernhandel und Großunternehmen waren nur die eine Seite des Nürnberger Wirtschaftslebens, auf der anderen Seite stand die technisch hochentwickelte Handwerkerschaft. Der internationale Handel sorgte für einen regen Austausch von Ideen, und dies kam auch den ohnehin begabten und innovativen Handwerkern, die längst die Vorteile arbeitsteiliger Produktion entdeckt hatten, zugute. Ein Viertel der Meister waren hoch spezialisierte Metallhandwerker. Sie produzierten die Waren, die eigentlich Nürnbergs Weltruf ausmachten und zu den begehrtesten Exportgütern gehörten: Nadeln, Scheren, Messer, Löffel, Gabeln und andere Artikel des täglichen Gebrauchs, dazu Leuchter und Becken, vor allem aber Rüstungen, Degen Schwerter und Lanzen. Mit diesen Produkten und mit Gütern anderer Regionen und Länder versorgten die Nürnberger Großkaufleute das ganze Reich und machten die Stadt zur Dreh-

Der Feilenhauer. Die Erzeugnisse Nürnberger Handwerker genossen Weltruf. – Miniatur aus dem Hausbuch der Mendelschen Zwölfbrüderstiftung zu Nürnberg, um 1425.

scheibe der internationalen Warenströme, zu einer der großen Wirtschaftsmetropolen.

Dass Nürnberg auch politisch eine Rolle spielte, zeigt die Goldene Bulle Karls IV. aus dem Jahr 1356. Sie bestimmte, dass jeder neu gewählte König seinen ersten Reichstag in Nürnberg abzuhalten habe. Damit wurde die Stadt in eine Reihe mit dem Krönungsort Aachen und dem Ort der Königswahl, Frankfurt, gestellt. Eine weitere Aufwertung erlebte die kaisertreue Stadt 1423: Sie wurde zum Aufbewahrungsort der Symbole des Reiches, der Reichskleinodien, bestimmt.

Die Verwahrung der Reichsinsignien – sie lagen in der Kapelle des Heilig-Geist-Spitals – brachte der Stadt einen erheblichen Prestigegewinn und die Aussicht auf handfeste politische Vorteile. Hinzu kamen noch die wirtschaftlichen Impulse, die von den öffentlichen Heiltumsweisungen (Vorzeigen der Reliquien) ausgingen. Adel und Volk waren zahlreich vertreten, wenn der

88

„Heiltumsschreier" am zweiten Freitag nach Ostern die auf dem Hauptmarkt präsentierten Heiltümer dem Publikum erklärte. Die anschließende zweiwöchige, später 24 Tage dauernde Messe zog die Menschen in die Stadt, die auf dem Weg zum Höhepunkt ihrer Macht und ihres Ansehens war.

„Des heiligen reichs heiligtum": die Reichskleinodien

Am 29. September 1423 übergab König Sigismund „unser und des heiligen reichs heiligtum", die Reichsinsignien, in die Obhut der Stadt Nürnberg. Die Kleinodien des Heiligen Römischen Reiches Deutscher Nation waren mehr als bloße Symbole der Herrscherwürde, sie waren Unterpfand der Herrschaft über das Reich. Die Rechtmäßigkeit dieser Herrschaft konnte nur durch das Geblütsrecht und durch den Besitz der althergebrachten Insignien bewiesen werden. Dem mittelalterlichen Menschen galten sie als Verkörperung des Reichs schlechthin. Die zum Reichsschatz gehörenden Reliquien machten darüber hinaus den König und Kaiser zum rechtmäßigen Stellvertreter Christi, zum Gesalbten des Herrn. Der Reichsschatz und die Heiltümer waren damit nicht nur Symbole der weltlichen, sondern auch der geistlichen Macht.

Zum Reichsschatz gehörten die Reichskrone, der Reichsapfel, das Zepter, das Reichsschwert, das Zeremonienschwert und der Krönungsornat. Die Heiltümer (Reliquien) bestanden aus der Heiligen Lanze, in die ein Nagel vom Kreuz Christi eingelassen war, einem Span von der Krippe Jesu, einem Gewandstück des Evangelisten Johannes, einem Armbein der Heiligen Anna, einem Zahn Johannes des Täufers, einem Stück des Tischtuchs des letzten Abendmahls und einem Stück vom Schurz Jesu.

Sigismund übergab den Reichsschatz der Stadt Nürnberg auf „ewiclich und unwiderruflich". Er hatte jedoch nicht mit den schwierigen Zeitläuften gerechnet. Immer wieder wurden die Reichsinsignien durch Kriegseinwirkungen bedroht, 1796 standen schließlich französische Revolutionstruppen vor den Toren Nürnbergs. Der Schatz wurde nach Regensburg und später nach Wien verbracht. 1938 fand er auf Anordnung Hitlers noch einmal den Weg zurück nach Nürnberg. Im Januar 1946 übergab ihn die Militärregierung an den österreichischen Staat. Seit Mai 1954 können die Reichskleinodien in der Wiener Hofburg besichtigt werden.

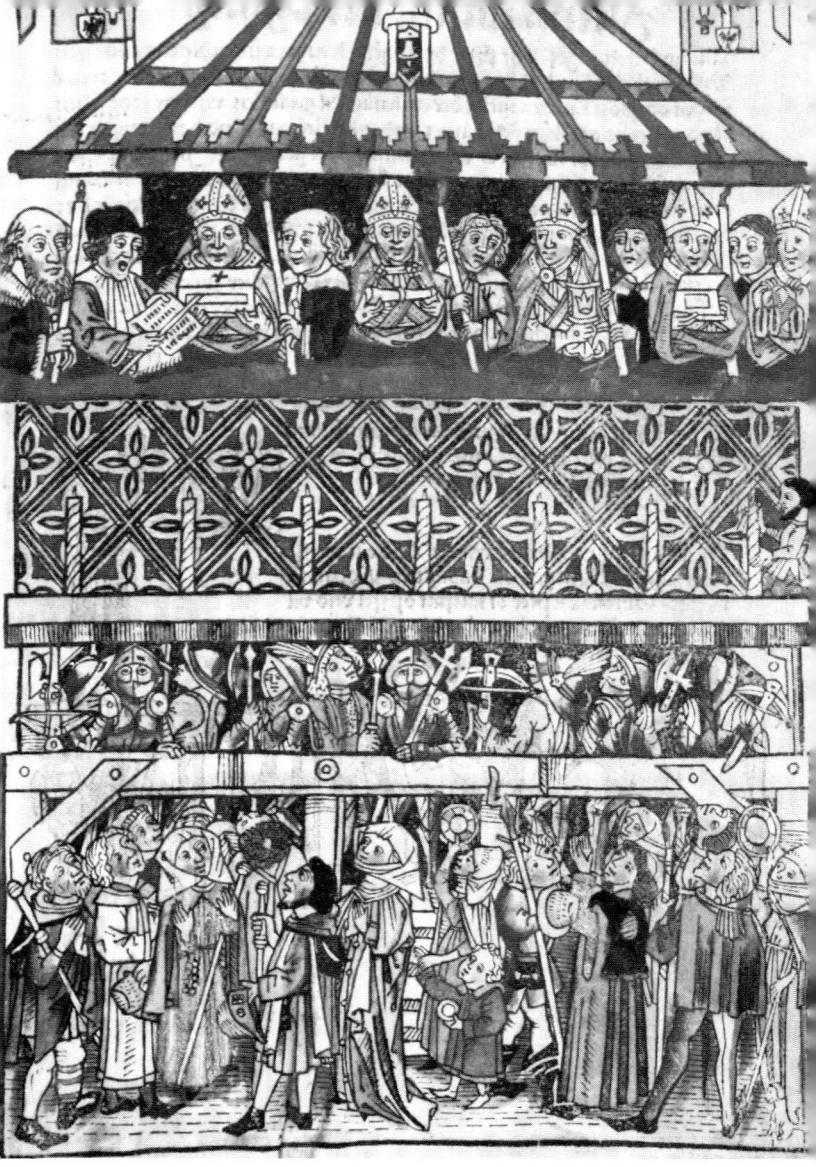

Auf dem Nürnberger Hauptmarkt wurden einmal jährlich die
Reichskleinodien der Öffentlichkeit präsentiert. –
Kolorierter Holzschnitt, 1487.

Der erste Markgräflerkrieg

Die wichtigsten politischen Faktoren im spätmittelalterlichen Franken bildeten die beiden zollerschen Markgraftümer – seit der Belehnung mit der Mark Brandenburg im Jahre 1415 wurden auch die fränkischen Territorien der Zollern als Markgraftümer bezeichnet –, die Hochstifte Würzburg und Bamberg, dazu die Reichsstädte unter der Führung Nürnbergs. Daneben existierten einige Grafschaften und zahlreicher ritterschaftlicher Niederadel, der eingesprengt in den Territorien der Großen saß. Das überaus labile Gleichgewicht zwischen den verschiedenen Herrschaftsträgern wurde durch die Anstrengungen der Zollern, die Vorherrschaft in Franken zu erringen, nachhaltig gestört.

Nach dem Tod Kurfürst Friedrichs von Brandenburg 1440 erbte sein Sohn Albrecht (1414–1486), der später den Beinamen Achilles erhielt, das Unterland mit der Residenz Ansbach. Albrecht versuchte seinem zersplitterten Land Existenz und Lebensraum auf Kosten anderer Territorien zu sichern. Seine expansive Politik brachte ihn bald in Konflikt mit fast allen anderen wichtigen Herrschaftsträgern in Franken. Zuerst wandte er sich gegen den Fürstbischof von Würzburg, der sich in einem Brief „Herzog von Franken" nannte. Albrecht Achilles war darüber in höchstem Maße empört, wohl weil er diesen Titel für sich selbst ausersehen hatte. Der kampflustige Zoller scheiterte zwar militärisch gegen den Würzburger, gewann jedoch Burg und Stadt Kitzingen als Pfand.

Mit der Reichsstadt Nürnberg brach Albrecht schließlich einen Krieg vom Zaun. Die Auseinandersetzungen begannen mit internen Streitigkeiten in Schweinfurt, in die sich die Nürnberger Ratsherren wegen ihrer wirtschaftlichen Verbindungen eingemischt hatten. Auch der Zoller hatte ein Wörtchen mitzureden, war er doch Schirmherr der Stadt. Die Gegnerschaft im Fall Schweinfurts nutzte der Markgraf, um seinen unmittelbaren Nachbarn Nürnberg wo es ging zu schikanieren. Alle Vermittlungsversuche schlugen fehl. Im Sommer 1449 erklärte Albrecht Achilles Nürnberg den Krieg. Auf Seiten der Stadt stand nur der Bischof von Würzburg, während der Markgraf die

Bischöfe von Bamberg und Eichstätt, gut 20 Fürsten, viele Grafen und zahlreiche Adelige als Verbündete gewonnen hatte.

Leidtragende im ersten Markgräflerkrieg, in dem es nie zu einer wirklichen Entscheidungsschlacht kam, waren auf beiden Seiten die Bauern. Ernten und Vieh wurden geraubt und viele Dörfer niedergebrannt. Drei Jahre dauerten die Friedensverhandlungen, bis Kaiser Friedrich III. (1415–1493) den Herzog von Bayern-Landshut beauftragte, die Streitigkeiten zu beenden. 1453 fanden sie tatsächlich ein Ende. Nürnberg behielt alle vormaligen Besitzungen und Rechte, Albrecht Achilles hingegen musste die eroberten Schlösser und Burgen zurückgeben.

Ausklang des Mittelalters

Markgraf Albrecht Achilles war mit seinen Ansprüchen auf die Vorherrschaft in Franken gescheitert und konzentrierte sich nun auf sein eigenes Territorium. Nach dem Tod seines Bruders 1464 fiel ihm dazu noch das Oberland um Kulmbach-Bayreuth zu, alle zollerschen Lande in Franken waren wieder in einer Hand vereint. Sechs Jahre später wurde Albrecht mit der Mark Brandenburg belehnt. Um Erbstreitigkeiten zu verhindern, legte er fest, dass sein ältester Sohn und dessen Erben in Brandenburg, die Söhne Friedrich und Sigmund in Ansbach und in Kulmbach nachfolgen sollten. Die fränkischen Länder wurden damit endgültig von der Mark Brandenburg getrennt und zu selbstständigen Fürstentümern erhoben.

Die politische Lage blieb weiterhin bestimmt von den Gegensätzen der bedeutendsten Mächte. Das heißt, Ansbach-Bayreuth stritt, wie in der Vergangenheit, mit seinen Nachbarn um die Vorherrschaft, unter anderem mit den Würzburger Fürstbischöfen, denen es ebenso wenig wie den Zollern gelungen war, ein geschlossenes Territorium aufzubauen. Den Würzburgern fehlte in der Rhön das Gebiet um Brückenau und Hammelburg, das zum Reichsstift Fulda gehörte. Am Main saßen die Grafen von Rieneck und die Herren von Thüngen. Das Gebiet der Reichsstadt Schweinfurt und der Grafen von Henneberg versperrte den Weg nach Osten, bei Ochsenfurt trafen sich würzburgische und ansbachische Besitzungen. Im Westen bildete das Mainzer Erzstift mit der Residenzstadt Aschaffenburg eine nicht zu überwindende Grenze und zu allem Überfluss war das Territorium mit Besitzungen der Herren von Castell, Seinsheim und Schwarzenberg, der Schenken von Limpurg und zahlreicher weiterer Ritter, die sich auf dem Weg zur Reichsfreiheit befanden, durchsetzt. Ganz ähnlich sah es mit dem Bamberger Territorium aus, in das ebenfalls fremde Herrschaften und Adelsbesitzungen eingestreut lagen.

Mit den Hochstiften und dem Erzrivalen, der Reichsstadt Nürnberg, brachen die Zollern immer wieder Streitereien vom Zaun. So auch 1502, als der Sohn Markgraf Friedrichs V. (1460–1536), Kasimir, ein fürchterliches Blutbad unter den Nürnbergern anrichtete. Das hinderte die beiden Kontrahenten nicht, zwei Jahre später im Landshuter Erbfolgekrieg auf einer Seite gegen Ruprecht von der Pfalz (1481–1504) zu stehen. Der große Gewinner war Nürnberg. Der bayerische Erbfolgestreit brachte der Reichsstadt den Gewinn der Ämter Betzenstein, Velden, Hersbruck, Hilpoltstein, Lauf und Altdorf. Damit hatte Nürnberg das größte reichsstädtische Gebiet in Deutschland erworben und stieg endgültig zu einer der führenden Territorialmächte in Franken auf.

Wie nicht anders zu erwarten, rief dies den Neid des benachbarten Markgrafen hervor, dem die Nürnberger unterstellten, er unterstütze teils heimlich, teils ganz unverhüllt die gegen die Stadt gerichteten Fehden von Strauchrittern, zu denen Götz von Berlichingen und Thomas von Absberg gehörten.

Eppelein von Gailingen

Der bekannteste fränkische „Raubritter" ist sicher Eppelein von Gailingen. Er wurde um 1320 in eine nicht mit Reichtümern gesegnete Ritterfamilie geboren, die wahrscheinlich bei Muggendorf (Gemeinde Wiesenttal, Lkr. Forchheim) in der Fränkischen Schweiz ansässig war.

Das Rittertum hatte nach dem Ende der Stauferzeit erheblich an Bedeutung und Ansehen verloren, denn die Fürsten versuchten

nun, sich aus der militärischen Abhängigkeit von ihren Lehens-
männern zu lösen. Sie engagierten lieber Söldner und gaben damit
den Ritterstand dem sozialen und wirtschaftlichen Niedergang
preis. Auch Eppelein sah wie viele andere seiner verarmten Stan-
desgenossen nur einen Weg zu überleben: Er überfiel die Kauf-
mannszüge der reichen „Pfeffersäcke", raubte sie aus und erpresste hohe Lösegeldforderungen. Sein bevorzugtes Ziel waren
die betuchten Nürnberger Handelsherren, die alles daran setzten,
seiner habhaft zu werden. Doch erst 1372 soll es ihnen gelungen
sein, den Strauchdieb gefangen zu nehmen. Der Legende nach
entzog er sich dem Todesurteil durch den beherzten Sprung seines
Pferdes über die Burgmauer. Der Spruch „Die Nürnberger hängen
keinen, sie hätten ihn denn zuvor!" erinnert noch heute an das
peinliche Missgeschick der Reichsstädter. Die Nürnberger bekamen
Eppelein aber doch noch zu fassen. 1381 wurde er von einer
Söldnertruppe aufgespürt, gefangen gesetzt und im oberpfälzischen Neumarkt aufs Rad geflochten und enthauptet.

Die Schäden, die die „Landplacker" verursachten, waren beträchtlich. Vor allem die Truppe um Christoffel von Giech verwüstete, verbrannte, zerstörte und ermordete alles, was ihr in
die Hände fiel und nürnbergisch war. Um dem Unwesen endlich Herr zu werden, musste die Stadt, die nun als heimliche
Hauptstadt des Reiches galt, hohe Summen aufwenden.

Sich selbst bezeichnete Nürnberg voller Stolz als Republik,
und der Rat ließ die wichtigsten Gebäude nach antikem Vorbild
mit der Inschrift SPQN (Senatus Populusque Norimbergensis =
der Senat und das Volk von Nürnberg) schmücken. Die selbstbewussten Reichsstädter verweigerten sogar dem Kaiser das
sonst übliche Zeremoniell der Schlüsselübergabe.

Doch Nürnbergs große Zeit neigte sich ihrem Ende zu. Die
Reformation leitete die Wende ein. Denn damit setzte sich die
Reichsstadt in Gegensatz zum katholisch bleibenden Reichs-
oberhaupt. Die Königs-/Kaisertreue, der Nürnberg ganz
wesentlich seinen Aufstieg verdankte, wurde nun durch die
Entscheidung für Luther in Frage gestellt.

Krieg und Frieden

Für oder gegen Luther

Die Lehren Martin Luthers ergriffen relativ rasch weite Kreise der Bevölkerung und wurden zu einer Volksbewegung. In Franken begann die Reformation mit der Besetzung offener Stellen an den beiden Nürnberger Hauptkirchen St. Lorenz und St. Sebald mit Männern aus dem Wittenberger Kreis um den Reformer. Die Reichsstadt, die ihren politischen, wirtschaftlichen und kulturellen Höhepunkt erlebte, strebte nun auch auf kirchlichem Gebiet nach Verselbstständigung. Führende Männer der Stadt, wie Anton Tucher, Willibald Pirckheimer oder Albrecht Dürer, standen in engster Verbindung mit Wittenberg. Luthers Werke wurden in Nürnberg gedruckt und traten von hier aus ihren Siegeszug an.

Albrecht Dürer

Maler wollte er werden, der kleine Albrecht, und nicht Goldschmied wie sein aus Ungarn stammender Vater, der sich Thürer nannte. Doch es half nichts, er musste für zwei Jahre in die väterliche Werkstatt, ehe er 1486 als 15-Jähriger bei dem in der Nachbarschaft arbeitenden Maler Michael Wolgemut in die Lehre gegeben wurde. Nach Abschluss der Lehrzeit 1490 ging Dürer fast fünf Jahre auf Wanderschaft, die er kurz unterbrach, um sich mit Agnes Frey zu verheiraten. Aus Italien zurückgekehrt richtete er sich eine eigene Werkstatt ein und fand rasch Anerkennung als Künstler. Zwischen 1505 und 1507 führte sein Weg erneut nach Italien. Nicht nur hier, sondern in ganz Europa war Dürer längst berühmt geworden und genoss höchstes Ansehen bei Kollegen und Auftraggebern, wie dem sächsischen Kurfürsten Friedrich dem Weisen oder Kaiser Maximilian I. Die letzte große Reise unternahm Dürer in den Jahren 1520/1521. Sie führte ihn in die Niederlande. Schwer erkrankt kehrte er nach Nürnberg zurück, vermutlich hatte er sich mit Malaria infiziert. Albrecht Dürer starb am 6. April 1528. Er wurde nur 57 Jahre alt.

Auch die übrigen Reichsstädte gerieten alsbald in den Sog der neuen Lehre. Schon 1521 hatte Windsheim einen evangelischen Prediger angestellt, Dinkelsbühl genehmigte die evangelische Abendmahlsfeier und in Rothenburg wurde die Messe nun in deutscher Sprache gelesen. 1530 gehörte Weißenburg zu den Reichsstädten, die nach dem Vorbild Nürnbergs der Augsburger Konfession beitraten. 1543 folgte Schweinfurt, ein Jahr später Rothenburg.

Selbst in den Hochstiften hatte Luther eine große Anhängerschaft gefunden, im Klerus genauso wie in der Bevölkerung. Die Bamberger Bischöfe waren zwar nicht unbedingt Sympathisanten des Reformators, aber sie gingen auch nicht energisch gegen die neue Bewegung vor. In Würzburg fanden sich ebenfalls eifrige Anhänger Luthers unter den humanistisch gebildeten Klerikern.

Eines der Zentren der reformatorischen Bewegung war das Kurfürstentum Sachsen, zu dem das Coburger Land am Beginn des 16. Jahrhunderts gehörte. Seit 1521/22 verkündete der Prediger Balthasar Düring an der Coburger Morizkirche das Evangelium im Sinne Luthers. Luther selbst hielt sich während des Augsburger Reichstages 1530 ein halbes Jahr in Coburg verborgen. Er arbeitete hier an Übersetzungen und einer Reihe von Streitschriften.

Die hohenzollerschen Gebiete dagegen blieben katholisch, solange Markgraf Kasimir (1481–1527) in Ansbach-Kulmbach regierte. Zum einen wohl deshalb, weil Kasimir den am alten Glauben festhaltenden Kaiser brauchte, zum anderen, weil er Religionsangelegenheiten eher gleichgültig gegenüberstand. Erst sein Bruder und Nachfolger, Georg der Fromme (1484–1543), bemühte sich energisch und schließlich erfolgreich gegen den Widerstand der katholischen Partei im Lande um die Einführung der Lehre Luthers.

Für die Reichsritter, die danach streben mussten, ihre Selbstständigkeit und reichsfreie Stellung zu behaupten, war die Reformation die beste Möglichkeit, ihre Unabhängigkeit gegenüber der vordringenden Fürstenmacht und den wirtschaftlich florierenden bürgerlichen Städten zu sichern. Nach dem Erscheinen der großen Reformschrift Luthers „An den christlichen

Adel deutscher Nation" bekannten sich viele fränkische Ritter – unter ihnen die Schwarzenberg, Seinsheim und Egloffstein – aus echter, tiefer Überzeugung offen zu Luther.

Dass es neben der religiösen Überzeugung durchaus auch politische und finanzielle Motive für den Übertritt zum neuen Glauben gab, zeigt das Verhalten der evangelischen Obrigkeiten. Sie strebten die vollständige landeskirchliche Hoheit an und zogen das säkularisierte Kirchengut ein. Überall leerten sich die Klöster, sie lösten sich auf und stellten dem Landesherrn ihren Besitz zur Verfügung. Wo dies nicht der Fall war, wurden sie durch das strikte Verbot der Neuaufnahme zum Aussterben verurteilt. Natürlich gab es auch Widerstand. Vor allem Frauenklöster widersetzten sich der neuen Ordnung, dazu gehörte das Kloster Himmelkron (Lkr. Kulmbach) oder St. Klara in Nürnberg. Hier führte die hochgebildete und tiefreligiöse Äbtissin Caritas Pirckheimer (1467–1532) einen entschiedenen Kampf gegen den Rat der Stadt, der den Frauen evangelische Prediger und Beichtväter aufzwang.

Insgesamt hatte sich in Franken der Wechsel vom alten zum neuen Glauben in geordneten Bahnen vollzogen. Nirgends war es zu wilden Bilderstürmereien gekommen. Durch Franken ging nun allerdings ein Riss. Es war jene konfessionelle Spaltung und Vielfalt entstanden, die heute noch für dieses Gebiet charakteristisch ist. Grob gesehen standen den unter- und westoberfränkischen geistlichen katholischen Gebieten die überwiegend evangelischen markgräflichen und nürnbergischen Regionen Mittel- und Ostoberfrankens gegenüber, die jeweils wiederum von kleineren Enklaven der anderen Konfession durchsetzt waren. Im Süden schloss sich mit dem Hochstift Eichstätt ein katholischer Block an, der nach Bayern überleitete.

Bevor diese Ordnung feststand, mussten sich die Landesherren jedoch mit einer Massenbewegung auseinandersetzen, die sie unerwartet traf, dem Bauernkrieg.

„Wir wollen frei sein": Bauernkrieg in Franken

Ungeheuerliches geschah Anfang 1525 in Oberschwaben: Die Bauern, zwar der größte Teil der Bevölkerung, aber politisch nicht in Erscheinung tretend, erhoben in einer Programmschrift umfangreiche Forderungen gegenüber ihren Herren. Ermutigt von der Reformation verfassten sie auf der Grundlage der Bibel ein Manifest, die „Zwölf Artikel". Darin forderten sie unter anderem die freie Wahl ihres Pfarrers, die Wiederherstellung traditioneller Rechte – der Jagd oder des freien Fischfangs –, eine Eindämmung der Frondienste und eine gerechte Regelung des Zehntwesens. Geradezu revolutionär war ihr Verlangen, die Leibeigenschaft abzuschaffen. Nach Meinung der Verfasser ergab es sich ganz unzweifelhaft aus der Heiligen Schrift, dass „wir frei sind und sein wollen". Die Abhandlung traf die Stimmung der Bauern, die landauf, landab unter Ausbeutung und Unterdrückung zu leiden hatten, und verbreitete sich zügig in ganz Deutschland.

Auch in Franken fanden die „Zwölf Artikel" breite Zustimmung. Der Zorn der verarmten und geknechteten Bauern entlud sich schließlich in einem Aufstand gegen die Obrigkeit. Er begann Mitte März 1525 in den Dörfern, die zur Reichsstadt Rothenburg gehörten. Dort bildete sich der radikale „Tauberhaufen" mit rund 4000 Mann. Die Anführer erklärten, alle Menschen, ob von Adel, bürgerlich oder gemein, seien gleich und forderten, die Adelssitze zu zerstören. Entschieden sprachen sich auch die Bauern des Odenwaldes für ein rigoroses Vorgehen aus und schlossen sich Ende März zum „Odenwälder Haufen" zusammen.

Von Anfang an war der Ton der Auseinandersetzungen scharf, die Hoffnung auf Ausgleich gering. Keiner der Fürsten setzte sich mit den Forderungen ernsthaft auseinander. Die Bauern stürmten daraufhin Amtshäuser, Burgen und Klöster und suchten besonders die Archive heim, denn dort wurden die verhassten Steuerlisten und Zinsbücher aufbewahrt. Klugerweise gaben die meisten Adeligen zunächst nach und lieferten freiwillig Geschütze, Waffen, Getreide und Wein aus. Selbst der mächtige Graf von Henneberg musste sich mit seinen Bauern verbrüdern, um schlimmeres Blutvergießen zu verhindern. Seine Burgen brannten trotzdem.

Natürlich blieben die Fürsten nicht untätig. Sie hatten in Italien kriegserprobte Landsknechte rekrutiert, die sie unter die straffe Führung des Truchsess von Waldburg (1488–1531), des „Bauernjörg", stellten. Den Bauernhaufen dagegen fehlten die Einheit, die Kampferfahrung und die Führung. Daran änderten auch Götz von Berlichingen (1480–1562) und der Idealist Florian Geyer (1490–1525) nichts, die vergeblich versuchten, Zucht und Ordnung in das Bauernheer zu bringen.

In der Zwischenzeit hatte der Aufstand auch die beiden Hochstifte Würzburg und Bamberg erfasst, das Kulmbacher Land und das Nürnberger Gebiet blieben dagegen fast völlig verschont, obwohl sich auch hier der „gemaine Mann aufrührerisch zeigte". Im Würzburger Territorium waren an die 60 Burgen und 20 Klöster niedergebrannt worden. Die Stadt Würzburg und der Sitz des Bischofs, die Veste Marienberg, hielten jedoch den Angriffen stand, ihre Eroberung wurde nun zur Prestigefrage. Ende April rückten die vereinten fränkischen Bauernhaufen vor die Stadt, insgesamt fast 20 000 Mann. Auch ihnen gelang die Einnahme der Festung nicht. Die Stadt Würzburg, in der es schon seit einiger Zeit zu Unruhen gekommen war – Tilman Riemenschneider, der Bildhauer und ehemalige Bürgermeister soll hier federführend gewesen sein –, verbündete sich nun mit den Bauern, die mit einer solchen Unterstützung nicht gerechnet hatten.

Die Entscheidung, sich dem anrückenden Fürstenheer entschlossen entgegenzustellen, traf Götz von Berlichingen. Bei Königshofen an der Tauber stießen die schlecht bewaffneten Bauern auf 3000 Reiter und 9000 gut ausgerüstete Landsknechte, also Berufssoldaten. Die Bauern waren ihnen nicht gewachsen. Auch ein nachrückender größerer Bauernhaufen hatte keine Chance. Auf ausdrücklichen Befehl von Waldburgs wurden keine Gefangenen gemacht. So zählte man am Abend des 4. Juni 1525 rund 5000 tote Bauern. Drei Tage später musste sich die Stadt Würzburg auf Gnade und Ungnade ergeben. In Unterfranken war der Krieg zu Ende.

Einen anderen Verlauf hatte der Aufstand im Bamberger Land genommen. Hier verweigerten etliche Städte und Märkte die üblichen Zehntleistungen und forderten freies Fisch- und Jagdrecht. Doch dieser Aufruhr konnte rasch und umfassend niedergeschlagen werden. Nun brach in der Stadt Bamberg der Aufstand los, und zwar als religiöse und politische Bewegung der Bürgerschaft. Die Forderungen gipfelten in dem Postulat, der Bischof möge erblicher Herzog und das Bistum säkularisiert werden. Dem Landesherren gelang es zeitweilig, die aufgebrachten Bürger zu beschwichtigen, bis es zu einer erneuten Unruhewelle kam, die das gesamte Hochstift erfasste. Fast 200 Burgen und sechs Klöster, darunter Banz, wurden zerstört. Der Bischof sah sich nun gezwungen, auch in sein Territorium die Landsknechte des „Bauernjörg" zu Hilfe zu rufen. Sie gingen hier ebenso brutal vor wie im Würzburger Raum.

Was nun folgte, war strenges Gericht und blutige Vergeltung. So unternahm Markgraf Kasimir, der sich anfänglich abwartend zurückgehalten hatte, einen grausamen Rachefeldzug durch sein Land, auf dem er allein in Kitzingen 60 Einwohner grausam verstümmeln ließ. Auch der Würzburger Bischof hielt strengstes Strafgericht über die Aufständischen. Nicht ohne Grund bemühte er sich später in Rom wegen seines harten Vorgehens um Absolution.

Die Folgen für die Bauern waren verheerend. Sie hatten mit großen Menschenverlusten zu kämpfen und mit beträchtlichen Einschränkungen ihres rechtlichen Status. Darüber hinaus war die wirtschaftliche Existenz vieler Bauern und Ackerbürger elementar getroffen, manchmal vernichtet. Die Bauern mussten erhebliche Straf- und Entschädigungsgelder entrichten, durch die sich mancher verarmte Adelige sanierte. Von den im Verlauf des Aufstands gemachten Zugeständnissen hielt allein Nürnberg die Erleichterungen bei, in den übrigen Gebieten wurden die alten Abgaben, Dienste und Steuern wieder eingeführt.

Ganz entscheidend aber war, dass die Bauern nach dem missglückten Aufstand für Jahrhunderte zu bloßen Untertanen wurden und keinen Fuß auf die politische Bühne brachten. Die Sieger des Bauernkriegs waren die Landesfürsten, die dabei waren, ihre frühmodernen Territorialstaaten aufzubauen. Sie entmachteten die Städte und Gemeinden, nahmen ihnen alle Privilegien und hoben die bäuerliche Autonomie auf.

Das Luthertum wurde nicht, wie ursprünglich gefordert, ein Gemeindechristentum, sondern organisierte sich durch das landesherrliche Kirchenregiment. Denn Luthers radikale Absage an die Bauernbewegung und sein Eingreifen für die Partei der Obrigkeit ließ viele an seiner Lehre zweifeln – sie hatte deutlich an Popularität verloren.

Bevor das evangelische Kirchenwesen seine endgültige reichsrechtliche Anerkennung fand, hatte Franken mit neuen schweren Erschütterungen zu kämpfen.

Ein Wüterich in Franken: Albrecht Alcibiades

Fast ganz Franken wurde zwischen 1552 und 1554 durch den Zweiten Markgrafenkrieg schwer in Mitleidenschaft gezogen. Markgraf Albrecht von Kulmbach-Bayreuth (1522–1557) – Zeitgenossen gaben dem Haudegen den Beinamen Alcibiades –, ein gefürchteter Söldnerführer im Dienste des Kaisers, verfolgte ein Ziel: Ganz Franken sollte zu einem von ihm beherrschten Herzogtum zusammengefasst werden. Er hasste „Pfeffersäcke" und „Pfaffen" und setzte alles daran, die wirtschaftliche Vormachtstellung Nürnbergs zu brechen und die Hochstifte zu säkularisieren.

Albrecht ging entschlossen vor. Er überfiel Bamberg und Würzburg und erpresste hohe Kriegsentschädigungen und Gebietsabtretungen. Auch Nürnberg blieb nur die Möglichkeit, sich durch beträchtliche Geldzahlungen von den grausamen Übergriffen auf das reichsstädtische Territorium freizukaufen. Letztendlich sahen die Bedrängten – die fränkischen Hochstifte, der Deutschmeister und die Reichsstädte Nürnberg, Rothenburg und Windsheim – keinen anderen Ausweg, als sich zusammenzuschließen, um dem zügellosen Landfriedensbrecher das Handwerk zu legen. Doch das Schlimmste sollte noch kommen.

Anfang 1553 begann die eigentliche Verwüstung Frankens. Auf beiden Seiten wurde mit beispielloser Grausamkeit

Markgraf Albrecht Alcibiades verwüstete Franken mit unerbittlicher
Grausamkeit. – Kupferstich, Ende 16. Jahrhundert

gekämpft. Albrecht und sein Söldnerheer brandschatzten das Hochstift Bamberg und besetzten die Hauptstadt. Im Anschluss wandte sich der Kriegshaufen gegen Nürnberg. Da die starken Mauern der Reichsstadt standhielten, verheerte Albrechts Kriegsschar das Landgebiet, die Städte Lauf und Altdorf hatten besonders schwer zu leiden. Schließlich stürzte sich der Markgraf auf die Reichsstadt Schweinfurt. Um dem Mordbrennen ein Ende zu bereiten, berief König Ferdinand I. (1503–1564) die Verbündeten nach Eger. Hier wurde zusammen mit Kurfürst Moritz von Sachsen und Herzog Heinrich von Braunschweig die militärische Vernichtung Albrechts beschlossen.

Albrecht verlagerte daraufhin den Kriegsschauplatz von Franken nach Norddeutschland. Dies nützte ihm allerdings nichts mehr, denn am 11. Juli 1553 wurde er vernichtend geschlagen. Die Bündnispartner hatten in der Zwischenzeit das feindliche Zentrum, die stark befestigte Plassenburg, mehrmals belagert. Im November 1553 wurde sie endlich eingenommen und vollkommen zerstört.

Nach der Beendigung des Krieges ging das gesamte Fürstentum Kulmbach an die fränkischen Verbündeten, bis es 1558 dem jungen Markgrafen Georg Friedrich (1539–1603) übertragen wurde, der bereits seit einem Jahr in Ansbach regierte. Er verlangte eine hohe Entschädigung für die in Kulmbach angerichteten Schäden, vor allem für die Zerstörung der Plassenburg. Allein auf Nürnberg, das die größte Last tragen musste, entfielen 4,5 Millionen Gulden Kriegskosten. Darin nicht eingerechnet sind die im Landgebiet der Reichsstadt zerstörten drei Klöster, sieben Städte, 19 Schlösser und 253 Dörfer.

„... das macht nach Adam Riese ..."

Der sprichwörtlich gewordene Rechenmeister aus Staffelstein hieß nicht Adam Riese, sondern Adam Ries. Sein Vater war ein vermögender Mann, der seinem 1492 geborenen Sohn eine gute Ausbildung ermöglichte. Ob Adam auch ein Universitätsstudium absolvierte, ist nicht bekannt. Wie und wo er sich seine überragenden mathematischen Kenntnisse aneignete, wird wohl ungeklärt bleiben. Zunächst führte Ries ein Wanderleben und bot seine Dienste auf Jahrmärkten und Messen an. Seine Fertigkeiten waren begehrt, denn selbst Gebildete konnten die einfachsten Rechenvorgänge nicht durchführen und mussten ihre Finger zu Hilfe nehmen.

1518 eröffnete Ries in Erfurt seine erste Rechenschule, die nicht nur von Kindern, sondern auch von Erwachsenen besucht wurde. Im selben Jahr gab er sein erstes, vier Jahre später sein zweites Volksrechenbuch heraus. Es erreichte noch zu Lebzeiten des Rechenmeisters aus Franken 38 Auflagen. Die Rechenbücher fanden allein schon deshalb weiteste Verbreitung, weil sie in deutscher, nicht in lateinischer Sprache verfasst wurden und nicht mit den umständlichen römischen Ziffern arbeiteten, sondern mit arabischen. Genau hier liegt Ries' Verdienst, denn durch ihn wurden die neuen Zahlenzeichen erst publik. Die Verbindung von arabischen Ziffern und Dezimalsystem erlaubten nun ein einfaches und übersichtliches Rechnen für jedermann.

Adam Ries starb am 30. März 1559 in Annaberg.

Adam Ries, der „Zahlenhexer" aus Staffelstein, machte die arabischen Ziffern und das Dezimalsystem in Deutschland publik. – Titelblatt des Erstdrucks eines der von Adam Ries verfassten Rechenbücher, 1550.

Auf Gegenkurs

Mit dem Augsburger Religionsfrieden von 1555 hatte die reformatorische Bewegung einen vorläufigen Abschluss gefunden, der wiedererstarkte Katholizismus ging nun daran, Verluste so weit wie möglich rückgängig zu machen. Dies war nicht leicht. Allein in der Diözese Bamberg waren von 190 Pfarrkirchen 105 mit allen Pfründen dem Protestantismus zugefallen. Viele Klöster waren säkularisiert oder an Nachwuchsmangel eingegangen.

Mit harten Bandagen ging der hervorragend ausgebildete Fürstbischof Julius Echter von Mespelbrunn (1545–1617) in Würzburg an die Reformarbeit. Er kümmerte sich wenig um fremde Rechtsstandpunkte und war entschlossen, die Gegenreformation entgegen allen Widerständen durchzusetzen. Nach dem Aussterben der Grafen von Wertheim und Henneberg betrieb er die Rekatholisierung ihrer Gebiete mit aller Entschiedenheit. Genauso beharrlich versuchte er, die evangelische Reichsritterschaft, die sein Territorium durchlöcherte, zu abhängigen Landsassen herabzudrücken und dann ebenfalls in den alten Glauben zu zwingen.

Besondere Aufmerksamkeit schenkte Echter der Bildungspolitik, deren Bedeutung für die Gegenreformation er früh erkannte. Nicht nur der theologisch ungebildete und den Zölibat missachtende Klerus musste umerzogen werden, es galt ganz grundsätzlich bildungspolitische Basisarbeit zu leisten, auch um einen qualifizierten Beamtenapparat zu schaffen. So gründete Julius Echter Gymnasien, Priesterseminare und mit Hilfe der Jesuiten im Jahr 1582 die Würzburger Universität. Er baute neue Kirchen, schuf über 30 neue Pfarreien und errichtete als bleibendes karitatives und soziales Denkmal das Juliusspital in Würzburg.

In Bamberg lief die Gegenreformation nur zögernd an. Schwache Landesherren, die kurz aufeinander folgten, verhinderten ein erfolgreiches Durchgreifen. Erst mit Fürstbischof Neidhard von Thüngen († 1598) gelang der Durchbruch. Ganz nach Würzburger Vorbild ging er rücksichtslos an die Umsetzung gegenreformatorischen Gedankengutes. Er vertrieb lutherische Pfarrer, Räte und Beamte und stellte seine Untertanen

Fürstbischof Julius Echter von Mespelbrunn setzte mit Hilfe der Jesuiten entschieden die Gegenreformation durch. Er gründete in Würzburg die Universität und das Juliusspital. – Kupferstich, um 1712.

vor die Wahl, entweder auszuwandern oder dem alten Glauben zu folgen. Vollendet wurde die katholische Reform unter Fürstbischof Johann Gottfried von Aschhausen († 1622), der sich eng an Herzog Maximilian von Bayern und Julius Echter anlehnte. Auf Echters Wunsch wurde Aschhausen zu seinem Nachfolger gewählt, die beiden Mainbistümer waren damit erstmals in einer Hand vereint.

Die geistlichen Landesherren machten nicht nur den Protestanten das Leben unerträglich. Im Namen des Glaubens brachten sie unsägliches Leid über die Menschen.

Zeit der Verzweiflung: die Hexenverfolgung

Die schlimmsten Hexenverfolgungen Europas fanden in Franken statt, in den Fürstbistümern Bamberg und Würzburg. Das wahnsinnige Brennen, das in Deutschland in der Mitte des 15. Jahrhunderts begonnen hatte, erreichte während der Gegenreformation einen grausamen Höhepunkt. Allein in den Jahren 1616 und 1617 kam es unter Bischof Julius Echter zu über 300 Hinrichtungen.

Schon seit 1507 verfügte man in Bamberg mit der „Peinlichen Halsgerichtsordnung" über ein eigenes Gesetzeswerk zur Durchführung von Hexenprozessen. Hier hatten die Prozesse derart überhand genommen, dass sie um 1619 ausgesetzt werden mussten. Man konnte sich das Morden ganz einfach nicht mehr leisten. Sieben Jahre später wurde die Vernichtungsmaschinerie erneut in Bewegung gesetzt. Über 1000 Menschen verloren nach furchtbaren Qualen ihr Leben. Aus der Finanzmisere der Vergangenheit hatte man gelernt: Nun wurden bevorzugt reiche Bamberger Bürger vor die Hexenkommission gestellt und verurteilt. Der Fürstbischof und seine Beamten bereicherten sich an deren Vermögen und „verdienten" die ungeheure Summe von 500 000 Gulden. 1631 beendete schließlich ein kaiserliches Mandat die Hexenprozesse in Bamberg.

Die Verfolgung der Hexen blieb nicht nur auf die geistlichen Territorien beschränkt. Auch in den hohenzollerschen Markgraftümern war eine eigene Halsgerichtsordnung eingeführt worden. Hier erließ Markgraf Georg Friedrich (1539–1603), ein fanatischer Hexenverfolger, 1591 den Befehl zur Ausrottung „der hochschändlichen Personen, so mit der Zauberey und teuflischem Truttenwerk (Hexenwerk) behaftet sind." Ein ebenso blindwütiger Hexenjäger war Herzog Johann Casimir von Coburg (1564–1633). Er gab 1629 eine Hexengerichtsordnung heraus, die ein besonders hartes Vorgehen bei der Folter vorschrieb. Mindestens 100 Personen – Frauen und Kinder – mussten während seiner Regierungszeit unschuldig ihr Leben lassen.

Die Reichsstädte hielten sich dagegen mit Hexenverbrennungen merklich zurück. In Rothenburg kam es spät, nämlich 1627, zu einer ersten Anklage. Meist inhaftierte man die Verdächtigen, verhörte sie, auch peinlich (das heißt unter der Folter), und verwies sie dann der Stadt.

Nach dem Dreißigjährigen Krieg ließ der Verfolgungseifer allmählich nach. Doch erst nach der Mitte des 18. Jahrhunderts

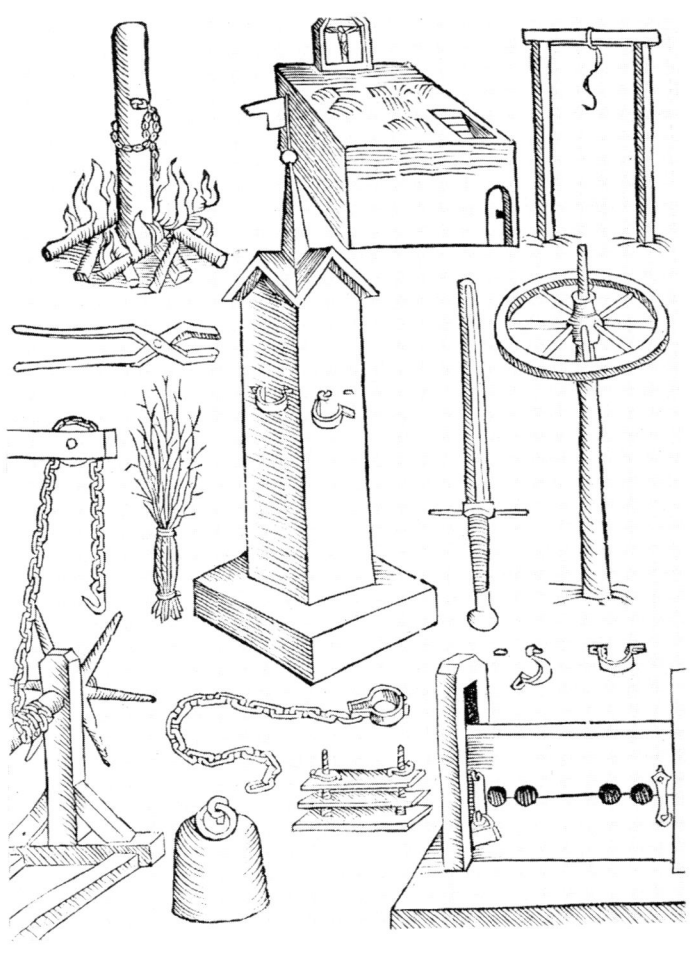

„Halsgerichtsordnungen" gaben genaue Anweisungen zur Folter. – Darstellung aus der „Bambergischen Peinlichen Halsgerichtsordnung", 1507.

konnten, wie Friedrich der Große bemerkte, „Frauen wieder in Frieden alt werden und sterben." Als letzte Hexe in Franken wurde Maria Renate Singer 1749 in Würzburg mit dem Schwert hingerichtet und anschließend verbrannt.

Jahre des Schreckens: der Dreißigjährige Krieg

Fürstbischof Johann von Aschhausen verwaltete die Mainbistümer in Personalunion. Für die katholische Partei war dies nur von Vorteil. Sie brauchte Stärke und Geschlossenheit, denn seit 1608 hatten sich lutherische und reformierte Landesfürsten unter der Führung der calvinistischen Kurpfalz zur „Union" zusammengeschlossen, einem militärischen und politischen Bündnis, dem in Franken die Markgrafen von Ansbach und Bayreuth und die Reichsstädte beitraten. Die katholische Seite reagierte umgehend und etablierte 1609 ein Gegenbündnis, die „Liga". Unter der Leitung des bayerischen Herzogs Maximilian I. (1573–1651) hatten sich vorrangig die geistlichen Landesfürsten versammelt.

Mit „Liga" und „Union" bekam der neuerliche Konfessionsstreit, ausgelöst durch die Gegenreformation und das gegenseitige konfessionelle Abschotten, ein militärisches Gesicht. Die nicht zu überbrückenden Gegensätze mussten unweigerlich in einen Krieg münden. Er erfasste zunächst Böhmen, dann das Reich und schließlich Europa.

Franken war anfangs nicht unmittelbarer Kriegsschauplatz, aber wegen seiner zentralen Lage ständiges Durchzugsgebiet, wobei alle Heere, ganz gleich auf welcher Seite sie kämpften, hohe Kontributionen erpressten und grausame Exzesse verübten. Vor allem Wallenstein (1583–1634), der die Meinung vertrat, der Krieg müsse den Krieg ernähren, erklärte Franken, und hier im Besonderen Nürnberg, mehrfach zum Musterungsplatz. Auf die Stadt kamen beträchtliche Kosten zu, denn sie hatte Verpflegung, Waffen und Munition für die angeworbenen Truppen zu stellen.

Nach seinem Sieg am Weißen Berg (1620) hatte Kaiser Ferdinand II. (1578–1637) mit einer umfassenden katholischen

Restauration begonnen. Alle seit 1552 eingezogenen geistlichen Güter sollten wieder herausgegeben werden. Unverzüglich forderten die fränkischen Bischöfe zahlreiche Klöster und Pfarreien zurück, vor allem von der Ritterschaft. Den größten Gewinn erzielte der Würzburger Bischof, der das seit fast 200 Jahren an Brandenburg-Ansbach verpfändete Kitzingen auslöste und sofort rekatholisierte. Der Versuch, die Gegenreformation auch in Schweinfurt durchzusetzen, misslang jedoch.

Gustav Adolf in Franken

Nach der schweren Niederlage des kaiserlichen Heeres im September 1631 rückten schwedische Truppen bis nach Franken vor. Mitte Oktober nahmen sie Würzburg ein und stürmten mühelos die als uneinnehmbar geltende Festung Marienberg. Die Schätze der Residenz wurden Beute der Soldateska, die wertvolle Bibliothek Julius Echters lagerte man nach Schweden aus.

Geradezu erfreut über den Schwedeneinfall zeigten sich die fränkischen Reichsritter, denn die Bischöfe waren mit ihren gegenreformatorischen Maßnahmen drauf und dran, sie zu Landsassen herabzudrücken. Von König Gustav Adolf (1594–1632) erhofften sie sich die Befreiung aus ihrer immer schwieriger werdenden Lage. Die evangelischen Fürsten und Reichsstädte in Franken empfingen den schwedischen König dagegen nicht mit offenen Armen, nur der Coburger Herzog trat sofort auf seine Seite. Vor allem der Bayreuther Markgraf und die Stadt Nürnberg hielten sich deutlich zurück. Erst unter dem Druck der Öffentlichkeit schloss der Nürnberger Rat im März 1632 ein Bündnis mit Schweden und stellte Truppen, Gelder und Kanonen zur Verfügung. Zu einer umfassenden militärischen und politischen Allianz Schwedens mit den fränkischen Ständen kam es jedoch nicht.

Auf das erneute Eingreifen Wallensteins und die Vereinigung seines Heeres mit dem des bayerischen Herzogs antwortete Gustav Adolf im Sommer 1632 mit der Errichtung eines gewaltigen Lagers in und um Nürnberg. Wallenstein – sein Heer soll 60 000 Mann gezählt haben – hatte sich westlich von Nürnberg bei Zirndorf niedergelassen. Ohne Erfolg versuchte der schwedische König, der mit einer schwierigen Versorgungssituation zu kämpfen hatte, den gegnerischen Heerführer aus seiner Defensivhaltung herauszulocken. Am 3. September eröffnete Gustav Adolf endlich die Schlacht, die für ihn verlustreich endete. Zwei Wochen später zog die schwedische Armee nach Mitteldeutschland ab. Damit war Franken nicht mehr Kriegsschauplatz, aber nach wie vor schwedisch dominiert.

Nach drei Jahren war der Spuk vorbei. Mit dem Prager Frieden 1635 endete das schwedische Intermezzo. Nicht vorüber waren Truppendurchzüge, Einfälle, Einquartierungen, Besetzungen, erpresste Kontributionen – und die Pest hauste. Allein in Nürnberg sollen in einem einzigen Jahr 20 000 Menschen von der Seuche dahingerafft worden sein. Es ist nur zu verständlich, dass die fränkischen Fürsten zu den Ersten und Energischsten gehörten, die dem Kriegstreiben und Morden ein Ende setzen wollten, allen voran der Würzburger Bischof Johann Philipp von Schönborn († 1673), der auch Kurfürst von Mainz war und als solcher handlungsbevollmächtigt an den Friedensverhandlungen in Münster und Osnabrück teilnahm.

Dreißig Jahre Hunger und Elend

Millionen von Menschen waren im Dreißigjährigen Krieg ums Leben gekommen. Die Heere, die jahrzehntelang durch die Lande zogen, bluteten die Gebiete aus. Ganze Städte und Dörfer wurden dem Erdboden gleichgemacht. Zahllose Menschen verließen aus Angst vor den Söldnertruppen, gleichgültig ob Feind oder Freund, ihre Heimat. Stets stand zu befürchten, dass sie ausgeraubt, misshandelt, ermordet wurden. Besonders die Landbevölkerung war von den Kriegsereignissen betroffen. Anfangs nahm ihr die Armeeführung nur die Vorräte und das Saatgut, dann das Futter für das Vieh und schließlich das Vieh selbst. Den Rest plünderten die durchs Land ziehenden Söldner. Ein Coburger Chronist notierte: „1623 den 29. Oktober wurde drei Regimentern Tillyschen Fußvolks der Durchmarsch erlaubt. Am 3. und 4. November rückten sie hier ein. Sie erhielten an diesen Tagen: 2 Fuder Brot, 4 Fuder Bier, 13 Zentner Fleisch, 1 Fuder Wein und 1 Fuder Weizenbrot,

150 Simmer Hafer, 450 Laib Brot, 13 Stück Rindvieh. Dessen ohngeachtet hausten diese Gäste übel, misshandelten die Leut, raubten und schlugen Fenster und Öfen ein."
Da dem Kriegsgegner nichts in die Hände fallen sollte, hinterließen die Soldaten im wahrsten Sinne des Wortes verbrannte Erde. Hungersnöte waren die Folge. Die vielen Toten wurden nicht mehr beerdigt, ihre Leiber verfaulten, Verwesungsgeruch hing in der Luft. Unter den Überlebenden grassierten Epidemien wie Typhus, Fleckfieber und die Pest. Hunger und Elend nahmen so zu, dass Erwachsene und Kinder übereinander herfielen, wenn sie etwas Essbares – auch Hunde, Katzen oder Ratten – gefangen hatten. Ein Pfarrer schrieb 1635: „Eine Rattenmaus bezahlt man mit vier Gulden, soviel hatte noch 1618 ein fettes Rindvieh gekostet." Mord und Totschlag, nicht selten Kannibalismus, waren überall an der Tagesordnung.

Zu den für Franken wichtigen Ergebnissen des Westfälischen Friedens gehörte die Festsetzung der Konfessionsgrenzen zum Stichtag 1. Januar 1624, die im Wesentlichen bis heute bestehen. Damit mussten die Errungenschaften des Edikts Ferdinands II. zurückgenommen werden. Besonders betroffen war Bamberg, das nun endgültig alle nürnbergischen, markgräflichen und ritterschaftlichen Pfarreien und Klöster verlor. Zudem hatten die fränkischen Stände Kriegsentschädigungen an Schweden in Höhe von 600 000 Reichstalern aufzubringen, eine riesige Summe, die die ausgelaugten Gebiete nur mühsam beschaffen konnten.

Unerledigt gebliebene Einzelfragen der Friedensregelung sollten schlussendlich auf dem Friedenskongress geregelt werden, der im April 1649 in Nürnberg zusammentrat. Er rückte die Reichsstadt in den Mittelpunkt des Geschehens und verlieh ihr noch einmal den alten Glanz europäischer Bedeutung.

Als die Ausgleichsverhandlungen im Sommer 1650 erfolgreich abgeschlossen waren, konnte man sich an eine Bestandsaufnahme wagen. Sie ergab ein verheerendes Bild. Im Durchschnitt war die Hälfte der Bevölkerung ums Leben gekommen, in einigen Gebieten, wie im Coburger Land, dürften die Verluste 70 bis 80 Prozent betragen haben. In manchen Regionen lagen bis zu 90 Prozent des Ackerlandes wüst. Ein Visitator

Nach dem Westfälischen Frieden trafen sich die beteiligten Parteien
zu einem abschließenden Friedenskongress in Nürnberg. –
Kupferstich von Jeremias Dümler und Wolfgang Kilian, 1650.

hielt in seinem Bericht resignierend fest: „Dies Gut ist völlig öd,
ist auch weder Hund noch Katz da zu finden."

Die meisten der fränkischen Reichsritter mussten selbst not-
dürftig Landwirtschaft betreiben, um überhaupt leben zu können. Einnahmen von abhängigen Bauern gab es längst nicht
mehr. Die materiellen Schäden waren ungeheuer. Allein Nürnberg hatte der Krieg eine Verschuldung von rund sechs Millionen Gulden eingebracht und damit den städtischen Wohlstand
und die reichsstädtische Macht zerstört.

Die demographische Erholung trat ein, als etwa 150 000 Exulanten, vor allem aus Österreich ausgewiesene Protestanten, in
den evangelischen Territorien Unterschlupf fanden. Eine beträchtliche Zahl Vertriebener nahm der Ansbacher Markgraf

auf, der sie im Raum Ansbach, Gunzenhausen, Wassertrüdingen ansiedelte. Besonders willkommen waren die Exulanten den fränkischen Rittern, die ihnen verlassene Höfe fast kostenlos zur Verfügung stellten.

In den katholischen Gebieten, wo aus konfessionellen Gründen kaum Fremde aufgenommen wurden, musste sich die Bevölkerung aus eigener Kraft regenerieren, und das dauerte zwei bis drei Generationen. Dennoch, hier wie dort musste der Wiederaufbau beginnen.

Kartoffeln aus Oberfranken

Fragt man, wer die Kartoffeln in Deutschland einführte und für ihre Verbreitung sorgte, erhält man in aller Regel die Antwort, es sei Friedrich der Große gewesen. Tatsächlich begann man gut 100 Jahre vor Friedrich dem Großen in Oberfranken mit dem feldmäßigen Anbau der für die Ernährung der am Hungertuch nagenden Bevölkerung so wichtigen Knolle. Wohl noch während des Dreißigjährigen Krieges, spätestens 1647/48, ging der Pilgramsreuther (heute Rehau, Lkr. Hof) Bauer Hans Rogler daran, Kartoffeln anzupflanzen, ein Bauer nach dem anderen folgte seinem Beispiel. Der Ruhm, als Erste in Deutschland systematischen Kartoffelanbau betrieben zu haben, gebührt nicht preußischen, sondern oberfränkischen Bauern! Dies würdigte die Stadt Rehau und setzte den Pilgramsreuther Kartoffelpionieren im Jahr 1990 ein Denkmal.

Die Bauwut geht um

Die durch den großen Krieg verursachten gewaltigen Zerstörungen hatten – so schlimm sie auch waren – ihr Gutes: Es musste wieder aufgebaut werden. Dies verlangte eine einheitliche, kraftvolle Staatsführung und hier vor allem eine kluge, straffe Finanzpolitik.

Die Fürsten versuchten seit Kriegsende, moderne absolutistische Staaten aufzubauen. Vor allem die Schönborn-Bischöfe setzten alles daran, den Staat zu zentralisieren und zu vereinheitlichen. Dies gelang durch eine gut organisierte und kon-

Nicht preußische, sondern oberfränkische Bauern betrieben als Erste in Deutschland feldmäßigen Kartoffelanbau. Die Stadt Rehau setzte den Kartoffelpionieren ein Denkmal.

trollierte Verwaltung, die für stabile Verhältnisse sorgte. Zum eindrucksvollsten Zeugnis dieser neuen Staatlichkeit und des Repräsentationsbedürfnisses der Fürsten wurde die Würzburger Residenz.

Schon 1683 hatte man beschlossen, die Hofhaltung von der Festung Marienberg, die man nun als altbacken, als zu eng und düster empfand, in die Stadt zu verlegen. Die Sache nahm jedoch erst Johann Philipp Franz von Schönborn († 1724) energisch in die Hand, als er 1719 an die Spitze des Hochstifts trat.

Beratend standen ihm sein Onkel Lothar Franz († 1729), Fürst-bischof von Bamberg, und sein Bruder Friedrich Karl († 1746), Kurfürst von Mainz, die „Baudirigierungsgötter", zur Seite.

1729 bestieg Friedrich Karl den Würzburger Bischofsstuhl und konnte die neue Residenz schließlich 1744 vollenden. Neben Johann Dientzenhofer (1663–1726) waren es vor allem Balthasar Neumann (1687–1753) und der aus Venedig stam-mende Freskenmaler Domenico Tiepolo (1727–1804), die den Bau prägten.

Die Fürstbischöfe aus dem Hause Schönborn sorgten auch in Bamberg für eine kulturelle Blüte. Besonders Lothar Franz, seit Mai 1695 auch Kurfürst von Mainz und Reichserzkanzler – eine der mächtigsten Persönlichkeiten seiner Zeit – zeichnete sich als Bauherr aus. Schon als Domherr hatte er mit seiner Bautätig-keit begonnen und das ererbte Schloss Gaibach (Volkach, Lkr. Kitzingen) umgestaltet. In Bamberg errichtete er die Neue Hofhaltung, die zum Vorbild für die Barockisierung der Stadt wurde. Heute zählt Bamberg zu den bedeutendsten Barock-städten Europas.

Lothar Franz beschränkte sich nicht auf seine Residenzstadt. 1711 wurde der Grundstein zu einer der prächtigsten Barock-anlagen Frankens und einem Hauptwerk des deutschen Barock gelegt: Schloss Weißenstein bei Pommersfelden (Lkr. Bam-berg). Der Bamberger Hofbaudirektor Johann Dientzenhofer, der zeitgleich die Klosterkirche von Banz errichtete, setzte die Pläne für den Bau des repräsentativen Schlosses in der Rekord-zeit von nur sechs Jahren um. Weißenstein wurde als private Sommerresidenz und als Familienschloss der Schönborn er-baut. Es befindet sich noch immer im Besitz der Familie.

Nicht nur die Fürstbischöfe erlagen der Bauwut. Erbprinz Georg Wilhelm von Brandenburg-Bayreuth (1678–1726) ließ 1701 in der Nähe Bayreuths die Planstadt St. Georgen am See samt Schloss und Theater errichten und auf dem See aufwän-dige Schlachten inszenieren. Im Jahr zuvor hatte der pracht-liebende Fürstenspross den Auftrag für den Bau des Erlanger Schlosses gegeben, das sein Vater, Markgraf Christian Ernst (1644–1712), 1703 noch unfertig erwarb, um es seiner dritten Gemahlin Elisabeth Sophie zu schenken.

Fürstbischof Lothar Franz von Schönborn ließ bei Pommersfelden eines der glanzvollsten Barockschlösser Frankens errichten. – Kupferstich von Johann August Corvinus nach Salomon Kleiner, 1724.

Die Hugenottenstadt Christian Erlang

Erlangen war nach dem Dreißigjährigen Krieg verödet, Stadt und Umland praktisch unbewohnt. Erst als Christian Ernst aus Frankreich geflohenen Hugenotten gestattete, in seinem vom Krieg arg mitgenommenen Herrschaftsgebiet zu siedeln, änderte sich die Situation. Die ersten Flüchtlinge trafen 1686 in Erlangen ein. Für sie und weitere Vertriebene – man rechnete etwa mit 7500 Familien – wurde eine Neustadt mit Manufakturen und einer Kirche erbaut. Bis ins 19. Jahrhundert rühmten Zeitgenossen das nach barocken Idealvorstellungen, das heißt nach festgelegter Ordnung, regelmäßig und einheitlich angelegte Erlangen als eine der schönsten Städte Deutschlands. Der Gründer setzte sich mit dieser Neuschöpfung selbst ein Denkmal: Von 1701 bis 1812 hieß die Neustadt „Christian Erlang".

Christian Ernsts Sohn Georg Wilhelm schuf nicht nur die Kunststadt St. Georgen, sondern auch die Eremitage bei St. Johannis in der Nähe Bayreuths. Hier konnte man schon in einem Garten mit Grottenhaus lustwandeln. Der Markgraf baute ihn aus und errichtete zwischen 1715 und 1718 ein Schlösschen mit einfachen Zellen und einer Grotte samt Wasserspielen, die Eremitage. Sie wurde Schauplatz des höfischen Eremitenspiels ganz nach der Devise Georg Wilhelms: „Ich bin allein, wenn ich vergnügt sein will."

Selbstverständlich baute auch die hohenzollersche Verwandtschaft in Ansbach. 1694 holte Markgraf Georg Friedrich (1678–1703) den jungen Graubündner Baumeister Gabriel de Gabrieli (1671–1747) in seine Residenzstadt. Er nahm ab 1705 den Umbau des Ansbacher Schlosses in Angriff. Zum Abschluss brachte ihn der Italiener Leopoldo Retti (1704–1751), der 1731 die Leitung des gesamten Ansbacher Bauwesens übernahm. Nicht der Außenbau der Residenz macht die eigentliche künstlerische Leistung Rettis aus, sondern die Ausstattung der Innenräume, die zu den bedeutendsten des frühen Rokoko in Franken zählen.

Das Planen und Bauen großer Schlösser und Kirchen – die Wallfahrtskirchen Vierzehnheiligen und Gößweinstein, das Käppele und die Hofkirche in Würzburg und die Klosterkirche Münsterschwarzach entstanden –, das im Hochbarock so bedeutsam war, ging nun langsam zu Ende. Nur das in Bayreuth 1735 an die Regierung gekommene Markgrafenpaar Friedrich (1711–1763) und Wilhelmine (1709–1758) machte sich an neue Bauvorhaben.

Wilhelmine und das Bayreuther Rokoko

Eigentlich war der kulturelle Frühling Bayreuths 1726 mit dem Regierungsantritt des griesgrämigen, sparsamen Markgrafen Georg Friedrich Karl (1688–1735) beendet. Doch die hochbegabte Wilhelmine – sie dichtete, verfasste Dramen und Libretti, schauspielerte, musizierte, komponierte und malte –, Tochter des Soldatenkönigs Friedrich Wilhelm I. von Preußen und Schwester Friedrichs des Großen, ging mit Elan gegen die unter

118

Markgräfin Wilhelmine von Bayreuth ließ Mitte des 18. Jahrhunderts die Eremitage in Bayreuth um das Neue Schloss erweitern, dessen zentraler Punkt der achteckige Sonnentempel ist.

ihrem amusischen Schwiegervater eingerissene Kulturlosigkeit an.

Als sie 1732 an den Bayreuther Hof kam, gab die preußische Prinzessin ein hartes Urteil über ihre neue Umgebung ab. Die Angehörigen des Adels seien ungepflegte, verlauste „Vogelscheuchen" mit groben Manieren, das Schloss schmutzig, mit verschlissenen Tapeten und kaum bewohnbar. Der Hof gliche eher einem Bauernhof, die Beköstigung sei unsagbar und bestehe aus „ganz verteufelten Ragouts" und saurem Wein.

Drei Jahre später änderten sich die Verhältnisse gründlich. Luxus zog ein. Das Hofpersonal wurde von 150 auf 600 Personen aufgestockt, der Bauetat auf 50 000 Gulden erhöht und auch die private Bautätigkeit wurde mit Hilfe von Steuerbefreiungen und der Bereitstellung von preiswertem Grund und Baumaterial nachdrücklich gefördert.

1736 begann Wilhelmine, die Eremitage, ein Geschenk ihres Gemahls, auszubauen, wobei sie den Einsiedelei-Charakter beibehielt. Den Park gestaltete sie zu einem sentimentalen Landschaftsgarten um, in dem scheinbar allem Natürlichen freier Lauf gelassen wurde. Er ist wohl einer der ersten Gärten dieser Art auf dem Kontinent.

Das Neue Schloss in der Eremitage und das Ruinentheater entstanden nach Plänen des Hofbauinspektors Joseph Saint-Pierre (1708/09–1754), der den ebenfalls romantisch-sentimentalen Felsengarten Sanspareil bei Zwernitz (Wonsees, Lkr. Kulmbach) anlegte und den Entwurf für das Markgräfliche Opernhaus lieferte, das zu den bedeutendsten Theatern der Zeit zählt. Als das alte Stadtschloss 1753 abbrannte, errichtete Saint-Pierre auf dem Gelände der ehemaligen Rennbahn das Neue Schloss, das Jean-Baptiste Pedrozzi (1710–1778) ausgestaltete. Das Spiegelscherbenkabinett gilt als Besonderheit des „Bayreuther Rokoko", das mit dem Tod Wilhelmines zu Ende ging.

„Zur Wohlfahrt und zum Besten des Landes"

Das hell gleißende Licht des Barock warf tiefe Schatten: Armut und Not begleiteten immer mehr Menschen. Wegen des nun rasanten Bevölkerungswachstums fanden viele Menschen keine Arbeit mehr und landeten schließlich auf der Straße. Die seit dem Mittelalter üblichen Maßnahmen – private Almosen und karitative Stiftungen – versagten angesichts der Menge der Bedürftigen in weitem Maße. Hier musste der Staat eingreifen. Man versuchte einerseits, dem Problem durch den Bau von Arbeitshäusern beizukommen und sammelte Not leidende Kinder in Beschäftigungsanstalten, wo sie als billige Arbeitskräfte zur Produktion unterschiedlichster Waren herangezogen wurden. Andererseits erließ man Ehe-, Arbeits- und Eigentumsordnungen, um des Bevölkerungswachstums Herr zu werden. Die Erlasse umfassend durchzusetzen, war allerdings kaum möglich.

Eine Katastrophe, die ganz Mitteleuropa erfasste, verschlimmerte die Lage noch beträchtlich. Missernten in den Jahren 1770 und 1771 führten in die letzte große Hungerkrise des 18. Jahrhunderts. In Franken fielen die Getreide- und Hackfruchternten weitgehend aus, die Weintrauben verfaulten, bevor sie reif wurden. Immense Teuerungen waren die Folge. Sie brachten die Menschen um ihre letzten Guthaben und stürzten sie in kürzester Zeit in tiefstes Elend – Chroniken berichten von Gras essenden Menschen. Als die Bauern schließlich begannen, in höchster Not ihr Saatgetreide aufzuzehren, vernichteten sie damit auch die nächste Ernte.

Geld war vonnöten, um neues Saatgut zu kaufen. Doch Bargeld besaß die total verarmte Landbevölkerung nicht. Es war ein knappes Gut und Franken ein geldarmes Land. Viele Bauern mussten sich in die Hände wucherischer Geldverleiher begeben, was die Notsituation noch verschärfte. Hier war das soziale Gewissen des Landesherren gefragt. Dass sich verantwortungsbewusste Fürsten der Herausforderung durchaus stellten, zeigt das Beispiel der Gründung der „Graeflich Castell-Remlingen'-schen Landes-Credit-Cassa".

Ein Landesfürst wird Bankier

Die „Credit-Cassa" – sie ist die älteste Bank Bayerns – wurde 1774 gegründet, um dem Wucher in der Grafschaft Castell entgegenzuwirken und die weitere Verarmung der bäuerlichen Untertanen zu verhindern. Zwanzig Jahre nach der Gründung berichtete ein Rat aus Castell (Lkr. Kitzingen): „Der bisherige Erfolg hat die Nützlichkeit und Wohltätigkeit dieses Instituts hinlänglich gerechtfertigt. Der Wucher ist in der Grafschaft zum größten Teil verdrängt. Viele Familien und ganze Dorfschaften, welche vorher ganz verschuldet und am Rande des Verderbens waren, haben sich nach und nach schuldenfrei gemacht, ... Handel und Wandel, insbesondere mit Gütern und Vieh, hat neues Leben bekommen."

Der Gewinn aus den Bankgeschäften floss nicht etwa in die Taschen des Landesherren, sondern wurde „lediglich zur Wohlfahrt und zum Besten des Landes, und zwar namentlich zu einem besonderen Fonds für Witwen und Waisen ..., aber auch zu anderen gemeinnützigen und bloß auf die Landeswohlfahrt sich beziehenden Anstalten und Einrichtungen verwendet."

Fürstbischof Ludwig von Erthal schuf ein vorbildliches System der Sozialfürsorge, das bis in das 19. Jahrhundert nachwirkte. – Porträt auf der Vorderseite einer 20-Kreuzer-Münze, 1785.

Zu den sozial engagiertesten Landesfürsten seiner Zeit gehörte Franz Ludwig von Erthal (1730–1795), Fürstbischof von Würzburg und Bamberg. Anders als seine Vorgänger, die das Ansehen eines Fürsten mit dem Glanz der Hofhaltung gleichsetzten, sah Erthal keinen Sinn in weltlichen Vergnügungen. Er schaffte Jagden und Opernaufführungen ab, verbot das Lotteriespiel, denn es verderbe den Charakter, er schloss das Hoftheater und ließ den Fundus zugunsten eines Waisenhauses verkaufen. Die Bekämpfung der Armut gehörte zu seinem Grundsatzprogramm, genauso wie die Verbesserung des Schul- und die Reform des Rechtswesens. Die Hochstifte Bamberg und Würzburg gehörten unter Erthal, der sich auch der Krankenversorgung annahm, zu den bestregierten Staaten Europas.

Den Plan, ein Allgemeines Krankenhaus in Bamberg errichten zu lassen, fasste der Fürstbischof, nachdem er sich persönlich vom mangelhaften Zustand der bestehenden Pflegeeinrichtungen überzeugt hatte. Mit dem Bau dieser Anstalt beginnt die Krankenhausgeschichte Deutschlands im modernen Sinn, nämlich als Behandlungsstätte für heilbare Kranke. Die Bamberger Krankenanstalt, die Erthal im November 1789 einweihte, wurde mit ihrer völlig neuartigen Konzeption zum überregionalen Vorbild für den künftigen Krankenhausbau.

Seine Krankenanstalt schuf Erthal in erster Linie für Arme, Handwerksgesellen und Dienstboten. Um die Kosten für deren Behandlung aufzubringen, entwickelte er Sozialhilfeeinrichtungen, die man durchaus als Vorläufer moderner Krankenkassen betrachten kann. Er schuf insgesamt ein so vorbildliches System der Sozialfürsorge, dass es 1816 der bayerischen „Armenordnung" zugrunde gelegt wurde. Es ist nur zu verständlich, dass Erthal von seinen Untertanen tief betrauert wurde, als er 1795 starb.

Karl Alexander: der letzte Markgraf von Ansbach–Bayreuth

Den Glanz des Barock und Rokoko hatte es nicht umsonst gegeben. Er kostete Geld, zuviel für die kleinen fränkischen Territorien. Die beiden hohenzollerschen Fürstentümer kämpften mit einer ständigen Finanzmisere. Prunksucht, übersteigertes Prestigebedürfnis, verschwenderische Hofhaltung und der luxuriöse Lebensstil der Regenten, die den großen Höfen, besonders dem französischen, nacheiferten, sorgten für eine Zerrüttung der Finanzen. Trotzdem schöpften die sich absolutistisch gerierenden Landesherren unbedenklich aus dem Vollen und gaben sich kostspieligen Liebhabereien hin, wie der derbe, jähzornige, trinkfeste „Wilde Markgraf" Karl Wilhelm Friedrich von Ansbach (1712–1757) der Falknerei, die jährlich ein Zehntel des gesamten Kammeretats verschlang. Weder die von den Hofjuden besorgten Kredite, noch die vielen Sondersteuern konnten die Staatsbilanzen ausgleichen, bis die Landesverschuldung unter ihm 2,3 Millionen Reichstaler betrug. Übertroffen wurde er noch von Friedrich von Bayreuth. Dessen Schulden beliefen sich auf 2,4 Millionen Reichstaler. Erst die sparsame Hofhaltung und Verwaltung des Markgrafen Karl Alexander (1736–1806) brachte die fast völlige Tilgung der Landesschulden, allerdings nicht zuletzt mit Hilfe von Soldatenverkäufen nach Amerika und Holland.

Karl Alexander, Sohn des „Wilden Markgrafen", war seinem Vater 1757 in Ansbach nachgefolgt. 1769 erlosch mit Markgraf Friedrich Christian (* 1708), einem schrulligen, regierungsunfähigen Sonderling, die brandenburg-bayreuthische Linie der Hohenzollern. Nach den Hausverträgen regierte nun Karl Alexander in beiden Markgraftümern. Er war ein typischer Vertreter des aufgeklärten Absolutismus: Er hob die Folter auf, förderte Wirtschaft, Kunst und die Universität Erlangen, die Markgraf Friedrich von Bayreuth 1743 gegründet hatte. Karl Alexander unterstützte die an Verfallserscheinungen leidende Hochschule durch großzügige Legate und führte sie zu neuer Blüte. 1769 wurde sie zur Erinnerung an den Stifter und den Erneuerer in Friderico-Alexandrina umbenannt.

Die von Karl Alexander 1780 in Ansbach gegründete Hofbank – sie diente vorrangig zur Abwicklung des Zahlungsverkehrs bei der Vermietung seiner Soldaten – wurde später zur Staatsbank, die als Königlich-Bayerische Bank ihren Sitz nach Nürnberg verlegte und schließlich mit der Bayerischen Vereinsbank fusionierte (heute HypoVereinsbank).

Markgraf Karl Alexander verkaufte Ansbach-Bayreuth gegen eine jährliche Leibrente an Preußen. – Porträtgemälde von Johann Leonhard Schneider, um 1765.

Der kunstsinnige und geistvolle Markgraf war seinen Untertanen und ganz besonders den Frauen zugetan. In Paris lernte er die gefeierte Tragödin Hippolyte Clairon kennen, die französischen Chic und Eleganz nach Ansbach brachte. Bei den Ansbachern war sie wegen ihrer vornehmen Zurückhaltung sehr beliebt. Der angesehenen Französin folgte eine gebildete und weltgewandte Engländerin, Lady Elizabeth Craven. Sie mischte sich intrigant in die Regierungsgeschäfte ein und bedrängte den Markgrafen unter dem Eindruck der Französischen Revolution, die Regierungsgeschäfte niederzulegen und seine Territorien an die preußische Verwandtschaft zu verkaufen. Allerdings wäre Ansbach-Bayreuth nach dem Tod Karl Alexanders ohnehin an

Preußen gefallen, denn der Markgraf war in seiner unglücklichen Ehe mit Caroline von Sachsen-Coburg-Saalfeld kinderlos geblieben.

Nach dem Tod seiner Gemahlin heiratete er im Oktober 1791 Lady Craven und dankte zwei Monate später zugunsten König Friedrich Wilhelms II. von Preußen ab. Seinen völlig überraschten Untertanen konnte der freiwillige Rücktritt des beliebten Landesherrn nur schwer begreiflich gemacht werden. Karl Alexander, der für den Regierungsverzicht eine jährliche Leibrente von 304 000 Gulden erhielt, kaufte sich nördlich von London ein Gut und widmete sich ganz seinem Hobby, der Rennpferdezucht. Er starb am 5. Januar 1806 auf Schloss Benham. Noch heute erinnert eine Gedenktafel in der St. Mary's Church in Speen bei Newbury an den letzten „Margrave of Brandenbourgh, Anspach and Bareith".

Ein kurzes Intermezzo: die Preußen in Franken

Mit der Übernahme Ansbach-Bayreuths hatte Preußen eine seit Langem angestrebte politisch-strategische Position gegenüber Habsburg gewonnen und zerstörte gleichzeitig das diffizile und labile Kräftegleichgewicht in Franken. Nach der Ausstellung der Abdankungsurkunde übernahm Karl August Freiherr von Hardenberg (1750–1822) Anfang 1792 im Auftrag des preußischen Königs die Verwaltung der fränkischen Markgraftümer. Er hatte zwei Ziele: die Schaffung eines geschlossenen Staatsgebiets und die Neuorganisation der Behörden. Hardenberg empfand die Reichsstädte, die Enklaven des Deutschen Ordens, der Reichsritterschaften und zahlreicher anderer Herren, die die hohenzollerschen Gebiete durchsetzten, als Staaten im Staate, deren unabhängige Stellung er nicht mehr dulden wollte.

Zuerst wandte er sich gegen die alteingesessene Reichsritterschaft, zu der allein im Fürstentum Bayreuth 235 unabhängige Rittergüter gehörten. Nach dem Grundsatz „Macht vor Recht" setzte er sich selbst gegen den im fernen Wien sitzenden Kaiser durch und zwang, oft mit militärischer Gewalt, die Ritter zur Huldigung. Im nächsten Schritt kassierte er die reichsstädtischen Enklaven, allen voran die wichtige Festung Lichtenau. Dann besetzte er die eichstättischen Einsprengsel und die Besitzungen des Deutschen Ordens um Ellingen und Absberg. Auflehnungen gegen diese Gewaltmaßnahmen wurden zu Majestätsbeleidigungen erklärt und als offener Widerstand militärisch geahndet – Dragoner ersetzten fehlende Rechtstitel. Die von preußischem Staatsgebiet völlig umklammerten Reichsstädte Weißenburg und Windsheim stellten sich freiwillig unter preußisches Protektorat, sogar die Reichsstadt Nürnberg bot die Unterwerfung an. Doch der preußische König war klug genug, Nein zu sagen. Er hatte Angst vor der ungeheuren Schuldenlast der Stadt, die rund 12 Millionen Gulden betrug.

Als nun fast alle „Fremdkörper" im Landesinnern beseitigt waren, ging Hardenberg dazu über, die Grenzen mit den Nachbarn zu bereinigen. Ausgleichsverträge wurden mit Hohenlohe-Neuenstein und Öttingen-Spielberg, mit der Reichsstadt Rothenburg, mit den Grafen von Pappenheim, den Fürsten von Schwarzenberg und mit Kurbayern geschlossen.

Hardenberg gewann für die beiden preußischen Fürstentümer in Franken über 110 000 neue Untertanen und etwa 200 000 Gulden an jährlichen Einnahmen hinzu. Er hatte das Territorium um rund ein Drittel vergrößert. Über die Proteste des Kaisers und einiger Reichsinstitutionen gegen die Willkürmaßnahmen setzte sich Preußen nonchalant hinweg. Mit mehr als Protesten war angesichts der politischen Großwetterlage ohnehin nicht zu rechnen. Wegen des Krieges mit den französischen Revolutionstruppen musste dem Kaiser das Militärbündnis mit Preußen wichtiger sein als die Aufrechterhaltung des Status quo im „vielherrigen" Franken. Und schließlich versöhnten sich die meisten der preußischen Neubürger mit dem Herrschaftswechsel, denn inmitten des Chaos der Revolutionskriege lebten sie geradezu auf einer Insel des Friedens, ganz anders als die Bewohner des benachbarten Hochstifts Bamberg, das von französischen Truppen überrannt, hohe Lösegeldsummen aufbringen und Geiseln stellen musste.

Nach dem Basler Sonderfrieden zwischen Frankreich und Preußen 1795 schützten Grenzschilder mit dem schwarzen preußischen Adler und der Aufschrift „Territoire Prussien" die ehemaligen Markgraftümer vor französischen Übergriffen. Es ist deshalb nicht verwunderlich, dass das neue preußische Königspaar Friedrich Wilhelm III. und Luise begeistert empfangen wurde, als es die fränkischen Provinzen besuchte. Die „Luisenburg", ein malerisches Felslabyrinth bei Wunsiedel, wurde nach der verehrten Landesherrin benannt.

Der geschlossene Flächenstaat war nun geschaffen und der für Hardenberg mittelalterliche Zustand beseitigt. Er konnte sich der zweiten großen Aufgabe widmen, der Neuorganisation und Rationalisierung des völlig veralteten Verwaltungsapparates. Nach französischem Vorbild wurden Justiz und Verwaltung strikt getrennt und ab 1796 das Preußische Allgemeine Landrecht und die preußische Gerichtsordnung eingeführt. Hardenberg schuf eine elitäre Beamtenschaft mit modernem Berufsethos und einen streng gegliederten bürokratisch-rationalen Behördenapparat. Ebenso wurde die kirchliche Organisation bereinigt und dem Staat voll untergeordnet.

Alle Maßnahmen, auch diejenigen im Bereich des Bildungs- und Medizinalwesens und der Wirtschaftspolitik, dienten ganz dem einen Ziel, nämlich Ansbach-Bayreuth zu einem modernen Stützpunkt Preußens in Süddeutschland auszubauen. In Vielem war Hardenberg erfolgreich, insgesamt aber hätte er mehr Zeit gebraucht, als ihm letztendlich zur Verfügung stand. Denn das Alte Reich zerbrach, Napoleon führte eine gewaltsame Flurbereinigung durch, die nicht Preußen, sondern das neue Königreich Bayern zum großen Gewinner in Süddeutschland werden ließ.

Franken in Bayern

„Einem fremden Fürsten unterworfen":
Franken wird bayerisch

Um die Position Preußens in Süddeutschland weiter zu stärken, hatte Hardenberg den französischen Gedanken einer Säkularisierung der geistlichen Territorien Würzburg und Bamberg begierig aufgegriffen und damit den großen Konkurrenten um Franken auf den Plan gerufen, Kurbayern, das seine Arrondierungs- und Expansionsabsichten auf dem Kongress von Rastatt (1797–1799) offen darlegte. Es fand die volle Unterstützung Frankreichs, denn Napoleon sah in einem starken Bayern ein Bollwerk gegen Österreich und den Garanten des französischen Einflusses in Süddeutschland. Hardenbergs „Neupreußen" lehnte er ab.

Im Reichsdeputationshauptschluss 1803 konnte sich Bayern die geistlichen Gebiete Würzburg und Bamberg, die es Monate zuvor schon unter massivem Rechtsbruch militärisch okkupiert hatte, tatsächlich sichern. Auch die Reichsstädte Schweinfurt, Rothenburg, Weißenburg, Windsheim und die Reichsdörfer Sennfeld und Gochsheim gingen an das Kurfürstentum. 1806 – das Alte Reich hatte aufgehört zu existieren – fielen dann Nürnberg, das Fürstentum Schwarzenberg, die Grafschaften Castell, Hohenlohe, Oettingen, die Gebiete der Reichsritter und die Territorien des Deutschen Ordens an das neu entstandene Königreich Bayern. Allerdings musste der bayerische König für gut acht Jahre das „Großherzogtum Würzburg" wieder herausgeben, denn Erzherzog Ferdinand von Toskana (1769–1824) wurde Würzburg als Ausgleich für sein an Österreich gefallenes Kurfürstentum Salzburg zugesprochen.

Einige Gebiete waren dem bayerischen Rundumschlag vorerst entkommen: Um Tauber und Untermain entstand das Fürstentum Leiningen mit Sitz in Amorbach, und aus mainzischen und würzburgischen Ämtern wurde für den letzten Kurfürsten von Mainz, Carl Theodor von Dalberg (1744–1817), das Fürstentum Aschaffenburg eingerichtet.

Die beiden preußischen Fürstentümer entgingen trotz beharrlichen Widerstandes ihrem Schicksal nicht: 1806 kam Ansbach in bayerische Hände und vier Jahre später Bayreuth, das Napoleon als militärische Versorgungsbasis unbarmherzig ausgebeutet hatte. Es war Bayern 15 Millionen Gulden wert.

Einzelverträge mit dem Königreich Württemberg und dem Großherzogtum Würzburg legten nun die Westgrenze der neubayerischen Lande fest. Dabei ging unter französischem Druck das alt-ansbachische Gebiet um Crailsheim und ein Teil des Rothenburger Landes an Württemberg verloren. Das Großherzogtum Würzburg erhielt die Gegend um die ehemalige Reichsstadt Schweinfurt und die Häfen im Bereich seines Staatsgebiets. Mit der Grenzbereinigung zwischen Bayern und dem Herzogtum Sachsen-Coburg-Saalfeld im Sommer 1811 fanden die Territorialverschiebungen und der „Seelenschacher" ein, wenn auch nur vorläufiges, Ende.

Denn drei Jahre später konnte Bayern noch einmal ausgreifen und sich nun auch das Großherzogtum Würzburg und das Fürstentum Aschaffenburg einverleiben. Den Abschluss bildete schließlich 1816 in Oberfranken der Eintausch des Marktes Redwitz und in Unterfranken die Übernahme der Ämter Hammelburg, Brückenau, Miltenberg und Amorbach.

Die Besitzergreifungen waren nur der erste Schritt. Bayern stand noch die schwierige Aufgabe bevor, das Konglomerat von weltlichen und geistlichen Klein- und auch Zwergstaaten unterschiedlichsten politisch-gesellschaftlichen Zuschnitts in den wittelsbachischen Staat einzugliedern und mit den altbayerischen Stammlanden zu verbinden. Leider geschah dies ohne Rücksicht auf althergebrachte Rechte und Privilegien, auf kommunale Autonomien oder konfessionelle Verhältnisse. Mittels einer „Revolution von oben" zog Bayerns führender Minister Maximilian von Montgelas (1759–1838) die territoriale Flurbereinigung, so wie er dies in seinem Ansbacher Mémoire schon 1796 zu Papier gebracht hatte, straff zentralistisch durch.

In Franken empfand man die Gebiets- und Verwaltungsreform als einen brutalen und gewaltsamen Akt. Kein Wunder, dass trotz reibungslosen Herrschaftswechsels die Widerstände und antibayerischen Ressentiments kaum beseitigt werden konnten. In Würzburg und Bamberg herrschte eisige Ablehnung nach dem Übergang an Bayern. Dem größten Teil der fränkischen Bevölkerung fiel es schwer zu akzeptieren, dass „das freie Frankenland nun einem fremden Fürsten unterworfen" war, wie ein Berichterstatter festhielt.

Besonders verbittert war man in den katholischen Gebieten über die rücksichtslosen Säkularisationsmaßnahmen. Klöster – sie galten als „gemeinschädlich" – wurden geschlossen, deren Haus- und Grundbesitz konfisziert und versteigert oder für staatliche Zwecke verwendet. Der Zugriff machte auch vor den alten, reichen und kulturell blühenden Klöstern Michelsberg, Ebrach und Banz nicht halt. Zu Schleuderpreisen versteigerte man wertvolle Kulturgüter und Kunstschätze. Die bedeutendsten Stücke ließen die neuen Herren jedoch nach München schaffen und verleibten sie den dortigen Sammlungen ein.

Aufklärungseifrig und geldversessen setzte der bayerische Staat rücksichtslose Säkularisationsmaßnahmen durch.

131

Dazu gehörten kostbarste Handschriften und Inkunabeln, die Krone der Heiligen Kunigunde, Gewänder Kaiser Heinrichs II. oder Werke Matthias Grünewalds aus Aschaffenburg und Albrecht Dürers aus Ebrach. Seither finden sich in der bayerischen Landeshauptstadt einzigartige Kunstschätze aus Franken. Eingefleischte fränkische Patrioten sprechen noch heute gern vom „bayerischen Kunstraub" und streben nach Rückführung der „entfremdeten" Schätze.

Ohne „Sammetpfötchen"

Der Dichter Karl Immermann (1796–1840) hatte wohl recht als er schrieb: „Man hätte ... bei der Säkularisation ... die Sachen mit Sammetpfötchen anfassen sollen, da der Regierungswechsel ohnehin schon für die Verhältnisse der Leute drückend ausfallen musste. Aber die bayerische hohe Administration war damals vom Geld- und Aufklärungseifer besessen. Die Kirchen und Klöster wurden aufgehoben ... Überdies kamen drei oder vier Kommissarien von München daher, die nahmen alles Gold und Silber und die Edelsteine aus den Kirchen weg ... Sobald man diese Saite berührt, strömen alle Lippen scheulos über, denn die Wunde blutet in der Erinnerung dieser kirchlich gesinnten Leute noch immer frisch fort ... So hat sich Bayern in der Fruchtkammer des Reichs, wie Franken heißt, selbst sein Spiel verdorben, und das Regieren wäre doch gewiss hier sehr leicht gewesen."

Lieber frei statt bayerisch

Für die Bürger der Reichsstädte war es eine gravierende Veränderung, mit einem König an der Spitze leben zu müssen. Unter Tränen soll die Frau des Nürnberger Handelsvorstandes Merkel beim Einmarsch der bayerischen Truppen ihren Kindern zugerufen haben: „Jetzt seid ihr Fürstenknechte!" Noch Jahrzehnte später wollten sich die Bewohner Weißenburgs nicht mit ihrer neuen Rolle abfinden: „Der Weißenburger schwelgt in reichsstädtischen Reminiszensen", schrieb ein Gerichtsarzt. Auch für die Bewohner der ehemaligen Hochstifte Würzburg und Bamberg war eine erbliche Dynastie eine völlig neue Erfahrung. Und sie alle sollten nun zusammen mit den anderen Einwohnern des neuen Bayern ein gemeinsames Nationalgefühl entwickeln! Am leichtesten gelang dies bei den Beamten, die bis auf wenige Ausnahmen in den bayerischen Staatsdienst übertraten und künftig loyal dienten.

Als kluger Schritt erwies es sich, den Thronfolger nach Franken zu schicken. Kronprinz Ludwig (1786–1868) wurden die Schlösser in Würzburg und Aschaffenburg als Residenzen zugewiesen. Um ihn sammelten sich bald die Anhänger der nationalen und konstitutionellen Bewegung aus dem fränkischen Adel und dem frühliberalen Bürgertum, Professoren und Studenten, die an den Befreiungskämpfen gegen Napoleon teilgenommen hatten. Sie versprachen sich viel von der bayerischen Verfassung, die am 26. Mai 1818 veröffentlicht wurde. Der durchaus kritische Jurist Anselm von Feuerbach (1775–1833) war überzeugt: „Erst mit der Verfassung hat sich unser König Ansbach, Bayreuth, Würzburg und Bamberg und alle anderen fränkischen Lande erobert."

Franz Erwein von Schönborn (1776–1840), einer der liberal gesinnten Freunde des Kronprinzen, beauftragte in freudigem

Kronprinz Ludwig wurde das Aschaffenburger Schloss Johannisburg als Residenz zugewiesen.

Überschwang über die „größte und wirksamste Tat, welche die Geschichte Bayerns und seiner Regenten aufzuweisen hat", den Architekten Leo von Klenze, auf dem Sonnenhügel bei Gaibach (Stadt Volkach, Lkr. Kitzingen) eine „Konstitutionssäule" zur bleibenden Erinnerung an die Verfassungsverkündung zu errichten.

Nicht alle verfielen jedoch in einen Freudentaumel ob der bayerischen „Magna Charta". Es gab genügend Kritik. Die Wortführer der liberalen Opposition in München kamen aus Franken: allen voran der Staatsrechtler und Bürgermeister von Würzburg Professor Wilhelm Joseph Behr (1775–1851) und der Jurist und Bürgermeister von Bamberg Johann Peter von Hornthal (1794–1864). Sie setzten große Hoffnung auf die Thronbesteigung des hoch verehrten Kronprinzen, vor allem als nach der Ermordung des Dichters August von Kotzebue durch den Burschenschaftler Karl Ludwig Sand (1795–1820) aus Wunsiedel die Zensur verschärft und staatsfeindlicher Umtriebe Verdächtige streng überwacht wurden.

Wilhelm Joseph Behr, Bürgermeister von Würzburg, zunächst ein Freund Ludwigs I., fiel später wegen staatsfeindlicher Äußerungen in Ungnade und wurde ins Gefängnis geworfen. – Pastellgemälde von Johann Georg Hirschmann, 1819.

Das Rätsel um „den schönsten Krimi aller Zeiten"

... müsste doch zu lösen sein, fand ein bekanntes Hamburger Nachrichtenmagazin und ließ im Jahr 1996 einen Blutfleck auf einer Hose von Experten aus München und Birmingham genetisch untersuchen. Ein Vergleich mit dem Erbgut weiblicher Nachkommen Stephanies de Beauharnais, Großherzogin von Baden, sollte klären, ob der ehemalige Träger der blutbefleckten Hose ebenfalls ein Nachkomme der Großherzogin war, nämlich ihr Erstgeborener, mithin der Erbprinz von Baden. Die Analyse ergab keine Übereinstimmung. Keine Übereinstimmung – keine Verwandtschaft – Rätsel gelöst! Die geheimnisvolle Person, von der hier die Rede ist, der Träger der ominösen Hose, konnte also kein Angehöriger des Hauses Baden gewesen sein.

Leider ist diese Erkenntnis völlig ohne Belang, denn niemand kennt den Hosen-Träger wirklich, niemand weiß, von wem der Blutfleck tatsächlich stammt. Zeitzeugen berichten nämlich, man sei jahrzehntelang äußerst nachlässig mit dem Beinkleid umgegangen. In Museumsräumen habe es ungesichert offen auf einem Tisch gelegen. Es geht sogar das Gerücht, der Hausmeister habe den verblassenden Flecken immer wieder nachgefärbt, damit die Sache echter wirke, wie es hieß. Die Genanalyse konnte das Rätsel nicht lösen, das den jungen Mann umgab – und noch immer umgibt –, der am Pfingstmontag des Jahres 1828 gegen vier Uhr nachmittags über den Nürnberger Unschlittplatz stolperte, der Fragen mit einem einfältigen „Döß woiß ih nit" beantwortete und der sich selbst Kaspar Hauser nannte.

Eine „Republik Franconia"?

Ludwig hatte die besten Absichten als er 1825 die Regierung antrat. Ein neues Nationalbewusstsein wollte er schaffen, damit nun endlich alle Landesteile Bayern als ihr Vaterland anerkennen konnten. Doch fünf Jahre später sah alles anders aus. Die Julirevolution in Paris und die Dezemberunruhen in München ließen den bisher liberalen König die Seiten wechseln. Aus dem „roten Prinzen", so Metternich, war der „schwarze Reaktionär" geworden.

Unter fadenscheinigen Gründen schloss man die Abgeordneten aus Würzburg, Bamberg und Nürnberg vom Landtag aus. Prompt forderte ein Nürnberger Flugblatt, die gesamte bayerische Camarilla wegen des Ausschlusses der fränkischen Liberalen zur Verantwortung zu ziehen. Der König wurde als Despot bezeichnet und die ausgeschlossenen Abgeordneten als Märtyrer gefeiert. In München glaubte man an separatistische Tendenzen, denn in der Schrift war von einer „Republik Franconia" die Rede.

Die Autonomiebewegung erreichte ihren Höhepunkt mit dem Verfassungsfest des Jahres 1832 im Park des Schlosses Gaibach. Behr hielt eine Rede, in der er unter großem Hallo der 6000 Teilnehmer die bayerische Verfassung als die schlechtest denkbare bezeichnete. „Dieser" – nämlich Behr – „soll unser Frankenkönig sein", riefen angeblich die Anwesenden in bierseliger Laune. Der Widerhall aus München traf Behr hart: Er wurde verhaftet, wegen Hochverrats und Majestätsbeleidigung angeklagt und eingesperrt.

Nicht nur aus Unterfranken – eigentlich aus dem Untermainkreis, denn die heutigen Regierungsbezirke wurden erst 1837 geschaffen – kamen beängstigende Nachrichten, auch in Oberfranken – dem Obermainkreis – gärte es. In Kronach, das sich als besonders widerspenstig erwies, wurde ein liberaler Student verhaftet, weil er damit begann, Arbeiter aufzuwiegeln. Trotz drakonischer Strafen bildeten sich hier und in Wunsiedel Widerstandsgruppen im Untergrund, die dann in der Revolution 1848 offen auftraten.

Der sogenannte „Kniebeugestreit" trieb die Auseinandersetzung zwischen der reaktionären Regierung in München und dem Protestantismus in Franken auf die Spitze. König Ludwig war von dem Gedanken einer „Bavaria Sancta Catholica", einem „Heiligen Katholischen Bayern", so sehr fasziniert, dass er nicht davor zurückschreckte, die verfassungsmäßig verbrieften Ansprüche der protestantischen Bevölkerungsteile auf Glaubens- und Gewissensfreiheit und kirchliche Gleichberechtigung rücksichtslos zu verletzen.

Für evangelische Soldaten wurde es zur Pflicht, während der Fronleichnamsprozession vor dem Allerheiligsten das Knie zu beugen. Das war eindeutig zu viel, der Streit brach vehement los. Angehörige der Universität Erlangen engagierten sich besonders und riskierten Strafversetzungen. Selbst der Ansbacher Regierungspräsident Carl Graf Giech, der eine steile Karriere im bayerischen Staatsdienst durchlaufen hatte, widersetzte sich München und wurde zum Wortführer der fränkischen Lutheraner. Er prangerte nicht nur die Unterdrückung des Protestantismus an, sondern auch die offenkundige Benachteiligung Frankens beim Straßen- und Wohnungsbau und vor allem bei den Bildungseinrichtungen von den Elementarschulen bis zur Universität. Bis 1845 weigerte sich der König, den Kniebeuge-Erlass zurückzunehmen.

Im Frühjahr 1849 eskalierten schließlich die Spannungen. Im Landtag gingen die fränkischen Demokraten zu offener Opposition über. Sie forderten die Annahme der Grundrechte und die Anerkennung der Beschlüsse der Paulskirche. Sollte sich die Regierung dazu nicht durchringen können, drohten die Franken unverhohlen mit der Loslösung von Bayern. In München ging man darauf nicht ein. Aufrufe „An das fränkische Volk" waren die Folge. Ihr Tenor war eindeutig: Franken müsse sich von Bayern lösen und sich direkt der Nationalversammlung unterstellen.

Auf dem Judenbühl in Nürnberg und auf dem unterfränkischen Schwanberg fanden „Frankentage" statt, Versammlungen auf denen agitatorische Reden geschwungen und immer wieder

Auf dem Judenbühl in Nürnberg versammelten sich Freiheitsbegeisterte und bejubelten hitzköpfige Redner, die den Abfall Frankens von Bayern beschworen.

der Abfall Frankens beschworen wurde. In Würzburg und Miltenberg stürmten die Aufrührer entschlossen die Waffenlager, in Schweinfurt zählte man bei einer Volksversammlung sechs Kanonen und 1100 Gewehre. Die bayerische Regierung blieb natürlich nicht untätig. Als aus Frankfurt der Aufruf an die Demokratiebegeisterten ging, nun entschieden zu den Waffen zu greifen, standen längst Soldaten bereit. Sie kamen, wie die „Neue Fränkische Zeitung" sarkastisch feststellte, „aus dem verstandesmageren Innern Bayerns".

Gewalt oder Kapitulation, das war nun die Frage. Aus Angst vor dem Gespenst des Kommunismus entschieden sich das fränkische Besitz- und Bildungsbürgertum, die Beamtenschaft, der Adel und auch die Kirchen gegen Gewalt und für eine Aussöhnung mit München. Die Freiheitsbewegung war damit am Ende.

Im österreichisch-preußischen Krieg 1866 wurde die Staatseinheit nicht infrage gestellt, obwohl konfessionelle Ressentiments nach wie vor eine Rolle spielten. In den protestantischen Städten Nürnberg und Bayreuth empfing die Bevölkerung die einmarschierenden preußischen Truppen mit Jubelrufen. Die Regierung – Bayern kämpfte auf Österreichs Seite – nahm dies empört zur Kenntnis, worauf sich die Protestanten eilig bestätigen ließen, sie hätten nicht mehr als nötig gejubelt. Unter dem Druck der preußischen Einquartierungen schlug die Stimmung schließlich um, und es entwickelte sich eine gewisse Loyalität gegenüber München. Das Band zwischen Altbayern und Franken schien enger zu werden.

Als Bayern 1871 schließlich Teil des Deutschen Kaiserreichs wurde, sahen die Franken positiv in die Zukunft. Denn München war nun nicht mehr der alleinige Fixpunkt, wirtschaftlich, gesellschaftlich und kulturell ergaben sich ganz neue Perspektiven. Der Gegensatz zwischen Franken und Bayern trat merklich in den Hintergrund.

Der wirtschaftliche Motor Bayerns

Nürnberg, 7. Dezember 1835, 9 Uhr. Es regnet, als 12 Böllerschüsse ein Jahrhundertereignis ankündigen: Die Lokomotive

Mit der Eisenbahn, die erstmals im Dezember 1835 von Nürnberg nach Fürth fuhr, begann der wirtschaftliche Aufstieg Frankens.

„Adler" zieht an diesem Montagmorgen erstmals offiziell neun Waggons mit Ehrengästen und zahlenden Passagieren auf der gut sechs Kilometer langen Strecke von Nürnberg nach Fürth.

Es ist kein Zufall, dass die erste Eisenbahn hier und nicht in München fuhr. Die Strecke wurde von einer bürgerlichen Aktiengesellschaft betrieben, deren Aktionäre über genug Beherztheit und Weitsicht verfügten, um das dampfende Ungetüm aus England zu importieren. In Nürnberg mit seiner großen Handwerks- und Handelstradition lebten die richtigen Männer, die offen für eine solche Investition waren und Mut zum Risiko besaßen. Die Bewohner der Haupt- und Residenzstadt München dagegen kannten solche Traditionen nicht.

Mit der Eisenbahn begann der wirtschaftliche Aufstieg Frankens, das zum Schauplatz der Industrialisierung in Bayern wurde. Innerhalb eines halben Jahrhunderts vollzog sich ein erstaunlicher Wandel: Am Anfang stand das traditionelle Handwerkertum und kleine Manufakturen, um die Jahrhundertwende werden Tausende von Menschen in großen Fabrikhallen arbeiten und Massenprodukte herstellen.

Der Waren- und Geldverkehr belebte sich durch den raschen Ausbau des Eisenbahnnetzes in bislang unbekanntem Ausmaß. Die oberfränkische Textil- und Porzellanindustrie, die chemische und metallverarbeitende Industrie um Schweinfurt und vor allem die Elektro- und Maschinenbauindustrie im Städtedreieck Nürnberg – Fürth – Erlangen profitierten von dem von König Ludwig I. zunächst wenig geschätzten Verkehrsmittel. Er trat lieber in die Nachfolge Karls des Großen und veranlasste den Bau des Main-Donau-Kanals, um eine durchgängig schiffbare Verbindung von der Rhein- bis zur Donaumündung herzustellen. Der aufwändige Bau – sicher eine technische Großtat – verschlang 17,5 Millionen Gulden. Geld, das man besser in andere Projekte investiert hätte, denn als der Kanal 1846 endlich fertiggestellt war, ließ sich der Siegeszug der Eisenbahn längst nicht mehr aufhalten.

Industriepioniere

Zu den Industriepionieren, die, zunächst auf sich allein gestellt, später gefördert durch Gewerbefreiheit und Aufhebung des Zunftzwangs und schließlich durch die Möglichkeiten des freien Waren-, Dienstleistungs- und Kapitalverkehrs, den Boom mitbegründeten, gehörten Wilhelm Sattler (1786–1859), der Produzent des „Schweinfurter Grün", einer intensiven, lichtechten Farbe, Friedrich Koenig (1774–1833) und Andreas Bauer (1783–1860), die bei Würzburg die erste Druckmaschinenfabrik der Welt errichteten, der Bleistiftfabrikant Lothar von Faber (1817–1896), Wilhelm Spaeth (1786–1854), der die erste Maschinenfabrik in Nürnberg errichtete, Theodor Cramer-Klett (1817–1884), der als Eisenbahnwagenbauer frühzeitig den Trend seiner Zeit erkannte, der Feinmechaniker Sigmund Schuckert (1846–1895), Maximilian Ebenauer, der bei Arzberg die erste Großspinnerei Oberfrankens baute, Erwin Moritz Reiniger (1854–1909), mit dem die Geschichte der Medizintechnik in Erlangen begann, Friedrich Fischer (1849–1899), der mit der Konstruktion einer Kugelschleifmaschine den Grundstein für die Wälzlagerindustrie legte, Lorenz Hutschenreuther (1817–1886) und Philipp Rosenthal (1853–1937), deren Namen untrennbar mit der Porzellanindustrie Oberfrankens verbunden sind oder Ernst Sachs (1867–1932), Mechaniker und Radrennfahrer, der kurz vor der Jahrhundertwende mit Karl Fichtel (1853–1911) die Schweinfurter Kugellager-Werke Fichtel & Sachs gründete.

Risikobereite, unternehmerisch denkende und zukunftsorientierte Männer machten Franken zum industriellen Zentrum Bayerns und zum Ausgangsraum bedeutender Innovationen. Altbayern hingegen blieb bis in die Jahre der Weimarer Republik hinein überwiegend agrarisch strukturiert.

Die Bayerischen Landes-Gewerbe-Industrie- und Kunstausstellungen 1882, 1896 und 1906 fanden selbstverständlich in Franken statt. Nürnberg, die Stadt „alter Kunst- und Handwerkstüchtigkeit", bot sich förmlich an, um hier „in die Gegen-

Friedrich Koenig und Andreas Bauer errichteten bei Würzburg die erste Druckmaschinenfabrik der Welt. – Fotografie der ersten Rollen-Rotationsmaschine, 1876.

141

wart hineinzuschauen und Bayerns gewerbliche und industrielle Erzeugnisse, seine Kunst und seine kunstgewerblichen Schöpfungen in schönem Verein zur Schau zu stellen und um den Besuchern vor Augen zu bringen, welch erfreulich großartige Fortschritte die Technik in unserem schönen Lande ... aufzuweisen hat", wie in der ersten Ausgabe einer Ausstellungszeitung zu lesen war. Das Interesse an den großen Fortschritten von Industrie, Gewerbe und Verkehr war überwältigend. 1906, im Jahr der 100-jährigen Wiederkehr der Zugehörigkeit Nürnbergs zu Bayern, fanden 2,5 Millionen Besucher den Weg in die Ausstellung.

Romantisches Franken?

Ein rasanter ökonomischer und gesellschaftlicher Wandel hatte Franken erfasst. Die Städte wuchsen in noch nie dagewesenem Ausmaß und erweiterten sich entlang der Bahnlinien in das Umland. Mobilität ergriff die Menschen. Das Glück lag in der Stadt oder aber weit weg, in Übersee. Gründe gab es genug, die heimischen Dörfer zu verlassen. Einer ist sicher im fränkischen Erbrecht zu suchen, der Realteilung. Nicht der Erst- oder Letztgeborene trat, wie in anderen Regionen üblich, das Erbe an, sondern alle Kinder galten als erbberechtigt. Die Folgen schildert ein Bericht des Landgerichts Ebermannstadt: „Im Allgemeinen kann man annehmen, dass der gesunkene Wohlstand in hiesiger Gegend zur Auswanderung verleitet. Daran sind aber lediglich die Güterzertrennungen und Verlassenschaftsteilungen (= Erbschaftsteilungen) ganz schuld. Durch sie wurden die Anwesen so geschwächt, dass auf dem verbliebenen Komplex eine Familie nicht mehr die notdürftige Nahrung hat. Damit sind sie mit Lasten aller Art zum Erdrücken überbürdet."

In den Vereinigten Staaten von Amerika hofften viele der verzweifelten Menschen Wohlstand und Freiheit zu finden, wie der in Buttenheim (Lkr. Bamberg) geborene Levi (Löb) Strauss (1829–1902), der mit seiner Mutter und zwei Schwestern auswanderte und als amerikanischer Beinbekleidungsfabrikant steinreich wurde.

Die Unterschiede zwischen Stadt und Land, Industrie- und Agrarzonen, Katholiken und Protestanten traten immer deutlicher hervor. Ein einheitliches fränkisches Bewusstsein existierte kaum. Dafür entdeckten die Romantiker überall „altfränkische" Traditionen. Die zahlreichen Burgen und auch Städte wie Rothenburg galten als Stein gewordenes Mittelalter. Der Dichter Karl Immermann schrieb: „Franken ist wie ein Zauberschrank. Immer neue Schubfächer tun sich auf und zeigen bunte, glänzende Kleinodien, und das hat kein Ende."

Hans von Aufseß und das Germanische Nationalmuseum

Nicht nur Technikbegeisterung prägte die Zeit. Das konservative Bürgertum und ebenso der Adel interessierten sich für Kunst und Kultur und – beeinflusst vom Geist der Romantiker – für Geschichte, vor allem für das Mittelalter. Zu diesem Kreis gehörte Hans Freiherr von und zu Aufseß (1801–1872), der aus einem der reichsten Rittergeschlechter Frankens stammte. Aufseß war von der Sammelleidenschaft besessen. Er hatte in 30 Jahren nicht weniger als 12 000 Geschichtsbücher, 8000 Druckwerke zu Dichtung und Kunst, 8900 Siegel und Siegelstöcke, 1590 Kupferstiche und Holzschnitte und 1170 Plastiken und Skulpturen zusammengetragen. Die beachtliche Sammlung des Freiherrn eigne sich ausgezeichnet, um öffentlich ausgestellt zu werden, fand König Ludwig I.: „Ich habe schon früher den Wunsch gehabt, dass auch in Bayern ... Besitzer von Gegenständen solche ... in einem öffentlichen Lokal zur gemeinsamen Beschauung und Belehrung aufstellen; mancher verborgene und ungenutzte Schatz würde hierdurch nützlich werden. Ihre Sammlungen, Herr Freiherr, setzen Sie in den Stand, ein solches nützliches Unternehmen zu begründen. Bamberg scheint hierfür ein ganz geeigneter Platz ... Sie würden sich ein bleibendes Verdienst erwerben, wenn es Ihnen gelänge, eine so gemeinnützige Anstalt ins Leben zu rufen."
Aufseß gelang es tatsächlich nach langjährigen Bemühungen, eine solche „Anstalt" ins Leben zu rufen. Während der Gesamtversammlung der deutschen Geschichts- und Altertumsvereine am 17. August 1852 in Dresden wurde die Museumsgründung beschlossen. Man wählte nicht Bamberg als Standort, sondern Nürnberg, das wegen seiner historischen Bedeutung im späten Mittel-

alter dafür prädestiniert schien. Unterstützung finanzieller Art oder durch Sammlungsobjekte kam von Privatpersonen, Kommunen, Adel und Regierungen von den Niederlanden bis Österreich. Heute ist die Gründung des Freiherrn von und zu Aufseß das größte kulturhistorische Museum Deutschlands.

Im Gefolge von Wilhelm Heinrich Wackenroder (1773–1798) und Johann Ludwig Tieck (1773–1853) wurde das „Muggendorfer Gebürg", für das sich ab 1812 die Bezeichnung „Fränkische Schweiz" einbürgerte, zum Inbegriff romantischer Vorstellungen. Während des gesamten 19. Jahrhunderts erschienen immer neue Reiseführer, denn die wasserarme, wirtschaftlich unterentwickelte Landschaft mit ihren bizarren Felsformationen und Höhlen hatte sich längst zum touristischen Magnet entwickelt. Dem Reiz der Gegend erlagen auch vermögende Männer, wie der Nürnberger Industrielle Ignaz Bing (1840–1918), der bei Streitberg (Gemeinde Wiesenttal, Lkr. Forchheim) eine der schönsten Höhlen der Fränkischen Schweiz erschloss, sie 1906 allgemein zugänglich machte und so für einen neuen touristischen Anziehungspunkt sorgte. Ab 1923 brachte die größte der rund 1000 Tropfsteinhöhlen der Fränkischen Schweiz, die „Teufelshöhle" bei Pottenstein, neue Fremdenverkehrsimpulse in diesen „Schlupfwinkel des deutschen Gemüts".

Die Romantisierungswelle fand kaum ein Ende. Als nach der militärischen Niederlage 1918 Deutschland nicht nur ökonomisch in tiefer Depression darniederlag, suchten die in ihrem Selbstwertgefühl hart getroffenen Menschen nach tröstlichen nationalen Themen und fanden wieder – das Mittelalter und damit Franken. Die Sehnsucht nach dem Hort deutscher Seligkeit und Größe demonstrierten Tausende von Besuchern während des Heinrichsfestes 1924 in Bamberg, als man eine Woche lang den 900. Todestag Kaiser Heinrichs II. feierte. Bamberg wurde als schönste Stadt Deutschlands bejubelt, Nuntius Eugenio Pacelli, später Papst Pius XII., nannte sie gar einen Edelstein unter den deutschen Städten. Nürnberg, der mittelalterlichsten deutschen Großstadt, stand als „des Deutschen Reiches Schatzkästlein" eine ganz eigene Karriere bevor.

Das „Muggendorfer Gebürg", die Fränkische Schweiz, wurde im 19. Jahrhundert zum Inbegriff romantischer Vorstellungen.

„Nicht durch Krieg, Kauf oder Erbschaft": Coburg wird fränkisch

Am 14. Februar 1920 unterzeichneten Regierungsvertreter den Staatsvertrag über die Vereinigung der Freistaaten Bayern und Coburg – eine innerdeutsche Territorialverschiebung, die „nicht durch Krieg, Kauf oder Erbschaft" zustande kam, wie der bayerische Ministerpräsident Hans Ehard (1887–1980) dreißig Jahre später festhielt, sondern durch eine Volksabstimmung.

145

Das Volk hatte genug, genug vom Kaiser und den Landesfürsten, die schuld waren an der Not und dem Unglück, das der Erste Weltkrieg über die Menschen gebracht hatte. Das kollektive Hochgefühl, die Stürme der Begeisterung waren längst vergangen. Am 7. November 1918 wurde König Ludwig III. (1845–1921) in München abgesetzt, zwei Tage später dankte Kaiser Wilhelm II. ab und floh nach Holland, in Berlin rief Scheidemann die deutsche Republik aus. Nach der Abdankung des Kaisers legten die übrigen deutschen Fürsten, teils freiwillig, teils von den überall gegründeten revolutionären Arbeiter- und Soldatenräten gezwungen, ihre Regierungsgeschäfte nieder. Auch Herzog Carl Eduard (1884–1954) von Sachsen-Coburg und Gotha musste schließlich akzeptieren, dass „Deutschland eine auf sozialistischer Grundlage beruhende Republik geworden war, in deren Rahmen es keinen Raum für das Fortbestehen von Einzelmonarchien" gab. Damit waren 565 Jahre wettinischer Herrschaft über das Coburger Land zu Ende.

Die Wurzeln des Fürstentums sind in der sogenannten Neuen Herrschaft der Grafen von Henneberg zu suchen, die ab der Mitte des 13. Jahrhunderts ihr Herrschaftsgebiet vom nördlichen Grabfeld nach Südosten ausgedehnt hatten. Deren Kerngebiet um Coburg gelangte 1353 durch Heirat in den Besitz der Wettiner. Als Pflege Coburg war das Land ab 1423 Teil des Kurfürstentums Sachsen und wurde erst Ende des 16. Jahrhunderts als eigenständiges Fürstentum anerkannt. Beständige Erbteilungen oder Kinderlosigkeit der Herzöge ließen das Gebiet unterschiedlichen Zweigen der Familie zufallen: Sachsen-Eisenach, Sachsen-Altenburg und Sachsen-Gotha, bis endlich 1680 das Fürstentum Sachsen-Coburg begründet wurde, das ebenfalls wieder geteilt werden musste. Seine endgültigen Grenzen erhielt Sachsen-Coburg 1826, als nach dem Aussterben der Linie Sachsen-Gotha-Altenburg der gesamte Territorialkomplex neu aufgeteilt wurde und Ernst I. (1784–1844) die Herzogtümer Sachsen-Coburg und Gotha in Personalunion zufielen.

Das Coburger Land kam 1920 durch einen Volksentscheid zu Bayern.
Damit waren beinahe 600 Jahre wettinischer Herrschaft zu Ende. –
Photochrom der Veste Coburg von Südosten, zwischen 1890 und 1905.

Der Aufstieg des Hauses Sachsen-Coburg

Ernst stand an der Spitze eines völlig unbedeutenden, unzusammenhängenden, nicht mit Reichtümern gesegneten Mini-Staates von rund 1900 km^2 und einer Bevölkerungszahl von knapp 200 000 Seelen. Dass seine Familie trotzdem einen kometenhaften Aufstieg erlebte, verdankte sie ihrer höchst talentierten Heiratspolitik. Der erste Coup gelang Ernsts Mutter, als sie eine seiner Schwestern mit einem Enkel Katharinas der Großen verheiratete. Damit hatten es die minderrangigen Coburger geschafft, in enge verwandtschaftliche Beziehung zu einem der mächtigsten Höfe Europas zu treten. Und so ging es weiter: Die älteste Schwester vermählte sich mit dem Herzog von

Württemberg, ein Bruder ehelichte eine steinreiche ungarische Fürstin und begründete eine neue coburgische Linie, in den Jüngsten, Leopold (1790–1865), verliebte sich die englische Thronfolgerin. Das Paar heiratete 1816. Damit hatten die Coburger nun auch in England Fuß gefasst. 1830 wurde Leopold die Krone Griechenlands, das soeben der türkischen Oberhoheit entronnen war, angeboten. Er lehnte ab und ließ sich lieber zum König der Flamen und Wallonen wählen, die einen eigenen Staat gegründet hatten, den sie Belgien nannten. Eine beachtliche Karriere für den ehemaligen „Prinzen aus Krähwinkel"!

Leopold entwickelte sich zu einem der geschicktesten Eheanbahner: Er stiftete die Verbindung seiner Schwester Victoire (1786–1861) mit dem Herzog von Kent (1767–1820), deren gemeinsame Tochter Victoria (1819–1901) Königin von England wurde. Sein Neffe Ferdinand (1816–1885) aus der ungarischen Linie heiratete 1836 auf seine Vermittlung hin die jung verwitwete portugiesische Königin. Schließlich betrieb Leopold auch die Verbindung seiner Nichte Victoria mit seinem Neffen, dem coburgischen Prinzen Albert (1819–1861). Mit den Kindern und Enkeln aus dieser Ehe und den Nachfahren aus den weiteren Familienzweigen hatte das Haus Coburg Angehörige in nicht weniger als 21 Herrscherhäusern, darunter 15 Königshäuser.

An Preußen, Thüringen oder Bayern?

Nachkommen aus dem englischen Zweig der Familie traten das coburgische Erbe an, als Herzog Ernst II. (1818–1893), Alberts Bruder, kinderlos verstarb. Der zweitälteste Sohn Queen Victorias, Alfred (1844–1900), wurde der vorletzte und sein Neffe Carl Eduard schließlich der letzte regierende Herzog von Sachsen-Coburg und Gotha.

Nach dem Rücktritt Carl Eduards 1918 fehlte die bindende Klammer, die Gotha und Coburg bisher zusammengehalten hatte. Die Trennung der beiden Staatsgebilde war nur noch eine Frage der Zeit. In Coburg war schnell klar, dass ein Staat mit einer Größe von 562 km² und 74 000 Einwohnern allein auf die Dauer nicht lebensfähig sein konnte. Es galt nun, Alternativen zu finden. Denkbar war eine Angliederung an Preußen, ein Zusammenschluss mit den thüringischen Kleinstaaten zu einem Land „Großthüringen" oder die Hinwendung zu den stammverwandten Franken und damit zu Bayern.

Preußen zeigte keinerlei Interesse am Coburger Land. Mit den Thüringern hatte man während des Krieges keine guten Erfahrungen gemacht und dem linken Terror, der im Land herrschte, wollte sich niemand aussetzen. Die bayerische Regierung – sie hatte sich im April 1919 vor den radikalen Kräften der Räterepublik nach Bamberg in Sicherheit gebracht und beriet hier die neue bayerische Verfassung, die am 14. August 1919 angenommen wurde – fand zunächst wenig Verständnis für den freiwilligen Anschluss Coburgs. Erst nach einigen Verhandlungen war der bayerische Landtag Ende Juli 1919 bereit, der Integrierung Coburgs, das auf seine kulturelle Eigenständigkeit pochte, zuzustimmen. Eine Volksbefragung – sie fand am 30. November 1919 statt – sollte schlussendlich die Entscheidung bringen: „Mit einer überraschenden Mehrheit hat sich das Coburger Volk für den Anschluss an den Freistaat Bayern entschieden. Natürliche, im fränkischen Volkscharakter wurzelnde Hinneigung zu Bayern, eine hundertjährige unglückliche Verbindung mit dem Lande Gotha und nicht zuletzt die Einflüsse der ungünstigen Lebensmittelversorgung haben die Volksseele von den Thüringern abgewandt", kommentierte die Kölnische Zeitung das Abstimmungsergebnis.

Die volle Bedeutung der Entscheidung von 1919 wurde 1945 deutlich, als zwischen Ost und West eine Demarkationslinie gezogen wurde und Coburg als einziges Territorium des ehemaligen wettinischen Machtbereichs jahrzehntelanger kommunistischer Zwangsherrschaft hinter dem Eisernen Vorhang entging.

Die Anfänge Coburgs als oberfränkischer Amtsbezirk waren bestimmt durch Versorgungsschwierigkeit, Arbeitslosigkeit und Inflation. Hungerunruhen drohten. Unter diesen Voraussetzungen heizte sich das politische Klima gefährlich auf. Die Linken nutzten die Gunst der Stunde und forderten mit Unterstützung aus Thüringen die Loslösung von Bayern. Doch längst hatte ein Rechtsruck stattgefunden. Die Unzufriedenheit – Coburg verzeichnete die höchsten Lebensmittelpreise in Bayern – ließ die Stadt zur Bühne für einen Mann werden, der Mitte Oktober 1922 mit einem Schlägertrupp von 650 Mann aus München kommend hier eintraf: Adolf Hitler.

Im Zentrum der Bewegung:
Franken im Nationalsozialismus

Die Kriegsniederlage und die Lasten des Friedensschlusses von Versailles hatten in Franken, wie überall in Deutschland, zur Ablehnung der jungen Republik geführt und die Hinwendung zu deutschnationalem Gedankengut gefördert. In Franken war die völkische Bewegung besonders ausgeprägt. Schon früh hatten sich äußerst aktive Wehrverbände zusammengeschlossen, die in ihren Versammlungen antisemitische Reden schwangen. Das war der Bodensatz, den Hitler nach seinem missglückten Putschversuch und dem Verbot der NSDAP brauchte. Hier fand er Rückhalt für die Neugründung der Partei und eine tragfähige Brücke, um nun auf politischem Wege die Macht an sich zu reißen. Obwohl München als „Hauptstadt der Bewegung" galt, war das Echo auf den Nationalsozialismus in Bayern vor 1933 in erster Linie fränkisch.

Nach der Wiedergründung der NSDAP übertrug Hitler im April 1925 einem seiner frühesten Gefolgsleute, dem aus Schwaben stammenden Lehrer Julius Streicher (1885–1946), die Aufgabe, die Partei in Franken neu zu organisieren. Streicher, der „braune Zar Frankens", der seit 1923 das antisemitische Hetzblatt „Der Stürmer" herausgab, avancierte zum führenden fränkischen Nationalsozialisten und Gauleiter Mittelfrankens, ein mehr als zweifelhaftes Aushängeschild der Partei. Amerikanische Psychiater hielten später in Gutachten fest, dass er ein „obsessiv neurotic" sei. Die von ihm initiierten und ab 1928 alljährlich mit großem Pomp begangenen „Frankentage" auf dem mittelfränkischen Hesselberg (bei Wassertrüdingen, Lkr. Ansbach), der zum „Heiligen Berg der Franken" stilisiert wurde,

150

inszenierte er als pseudoreligiöse Wallfahrten für oft mehr als 100 000 Teilnehmer.

Als reichsweit einer der erfolgreichsten Gauleiter galt der Lehrer Hans Schemm (1891–1935), der die politische Arbeit in Oberfranken übernommen hatte. Er sorgte dafür, dass Bayreuth in der „Kampfzeit" zum Mittelpunkt der nationalsozialistischen Bewegung in Nordostbayern wurde. Schemm organisierte die deutsche Lehrerschaft im Nationalsozialistischen Lehrerbund, er übernahm die Leitung des 1933 eingerichteten Großgaus Bayerische Ostmark, zu dem Oberfranken, die Oberpfalz und Niederbayern gehörten, und wurde schließlich bayerischer Kultusminister.

Mit der Gauhauptstadt Bayreuth stand Hitler seit 1923, als er erstmals den Weiheort des von ihm tief verehrten Komponisten Richard Wagner besuchte und hier Siegfried und Winifred Wagner kennenlernte, in engster Verbindung. Zur hoch geschätzten Wagner-Familie gehörte einer der „Vordenker" des Dritten Reiches: der Rassenphilosoph und Schwiegersohn Wagners Houston Stewart Chamberlain (1855–1927). Über ihn schrieb Goebbels in sein Tagebuch: „Vater unseres Geistes, sei gegrüßt bahnbrechender Wegbereiter." Und Hitler hielt in einem Brief an Siegfried Wagner fest: „Das geistige Schwert, mit dem wir heute fechten, wurde in Bayreuth geschmiedet." Die Festspielstadt wurde zum gefeierten Symbolort, an dem sich Kunst und NS-Ideologie höchst effektvoll verbinden ließen.

Judenhetze

Deutlich weniger Erfolge als in Ober- und Mittelfranken hatte die NSDAP in Unterfranken, trotz der Bemühungen des „Trommlers an der Mainlinie", Dr. Otto Hellmuth (1896–1968). Mit maßloser Judenhetze und Verächtlichmachung politischer Gegner versuchte er, der Partei zu mehr Akzeptanz zu verhelfen. Mit gleichem Hass verfolgte Hellmuth als Leiter des Gaus Mainfranken die katholische Kirche. Doch genau diese Haltung kostete Hellmuth die Sympathien der Bevölkerung. Als ungeheueren Affront empfanden die Menschen den Namen der ersten Tochter des Gauleiters. Er nannte sie Gailana nach der Fürstin, die den Mord an dem hochverehrten Frankenapostel Kilian in Auftrag gegeben hatte.

In den protestantischen Gegenden Frankens war die braune Saat dagegen erfolgreich aufgegangen. Schon 1924 hatte es Aufrufe gegeben, jüdische Geschäfte zu boykottieren. Auch von kirchlicher Seite kamen erste antisemitische Äußerungen, wie von Hans Meiser (1881–1956), dem Rektor des Nürnberger Predigerseminars und späteren evangelischen Landesbischof. Der Bamberger Rabbiner und Autor Dr. Eckstein schrieb 1928: „Für alle Schäden am Volkskörper werden die Israeliten verantwortlich gemacht. Sie sind der Sündenbock, den man in die Wüste hinausstoßen will. Als Gastvolk will man sie aus der Gemeinschaft des deutschen Volkes aussondern. … Man bestreitet ihnen sogar das natürlichste Recht des Menschen, das Recht auf Heimat."

Der allgemeine Druck auf die jüdische Bevölkerung bewirkte, dass sie in Mittel- und Oberfranken bis 1933 um etwa 16 Prozent abnahm. Für jüdische Bürger waren hier schon lange bevor die Nürnberger Gesetze aus ihnen Menschen zweiter Klasse machten, schlimme Zeiten angebrochen. Unverhüllt zeigte sich die Brutalität des Regimes schließlich in der sogenannten Reichskristallnacht, die allein in Nürnberg mehr als 30 Menschen das Leben kostete. Annähernd 200 Männer aus Nürnberg und Fürth wurden verhaftet und in das Konzentrationslager Dachau verbracht, aus Würzburg schaffte man über 130 Männer in das Konzentrationslager Buchenwald. Die jahrelange massive Hetze war auf höchst fruchtbaren Boden gefallen.

Auf dem Weg zur Macht

Wie politisch erfolgreich die Vertreter der Partei agierten, hatte sich 1929 in Coburg gezeigt, als es der NSDAP gelang, ein Volksbegehren zur Stadtratsauflösung durchzusetzen und bei der anschließenden Neuwahl die Mehrheit zu erringen. Zum ersten Mal gab es in Deutschland einen nationalsozialistischen Bürgermeister.

Der Erfolg ließ sich nicht mehr aufhalten. Bei der letzten freien Landtagswahl im April 1932 erreichte die NSDAP in den mehrheitlich protestantischen Regierungsbezirken Oberfranken und Mittelfranken 44,2 und 45,6 Prozent. Das katholische Unterfranken widersetzte sich weiterhin. Hier konnte die Bayerische Volkspartei mit 49,3 Prozent die Mehrheit erringen, während Hitlers Partei lediglich auf 25 Prozent kam. Die „Gleichschaltung" im Frühjahr 1933, die das Ende der Rechtsstaatlichkeit besiegelte, zwang jedoch auch die „unsicheren Kandidaten" – zuletzt mit brutaler Gewalt – in den nationalsozialistischen Staat.

Nach der Machtergreifung wurde Frankens Metropole Nürnberg zum Schauplatz eines alljährlich stattfindenden gigantischen Spektakels, der Reichsparteitage. Schon 1927 und 1929

Adolf Hitler in Nürnberg anlässlich des Reichsparteitages im September 1935.

hatten hier Parteitage stattgefunden, doch erst nach dem „Parteitag des Sieges" stand für Hitler fest, dass die Veranstaltungen „jetzt und für immer in dieser Stadt" abgehalten würden. Die Nationalsozialisten knüpften bewusst an die Tradition der alten Reichsstadt an, die als „arisch" galt, hatte doch der Rat der Stadt im späten Mittelalter die Juden in besonders grausamer Weise aus der Stadt vertrieben.

Um für propagandistische Massenaufmärsche und Paraden einen monumentalen Rahmen zu schaffen, beauftragte Hitler seinen Lieblingsarchitekten Albert Speer (1905–1981) mit einem gewaltigen Bauprogramm. Die phantastischen Kolossalplanungen – allein das Deutsche Stadion sollte 400 000 Besuchern Platz bieten – ließen sich schon aus Kostengründen kaum umsetzen. Nach Hitlers Vorstellung hätten die Bauten der „Weihestätte der Bewegung" „gleich Domen unserer Vergangenheit in die Jahrtausende der Zukunft hineingeragt". Doch dem Zukunftswahn setzte die Wirklichkeit ein Ende. Zu Beginn des Zweiten Weltkriegs wurden die Bauarbeiten sukzessive eingestellt. Sie hatten bis dahin 252 Millionen Mark verschlungen.

Der Krieg in Franken

Der beginnende Krieg veränderte das Leben der Menschen: Einberufungen, Verdunkelungen und Luftschutzübungen gehörten zu den spürbaren Auswirkungen. Direkte Kriegshandlungen erreichten Franken jedoch erst ab 1942, als alliierte Bomber immer häufiger süddeutsche Städte angriffen. Schweinfurt wurde im April 1943 als Hauptstandort der kriegswichtigen Wälzlagerindustrie von den Amerikanern in die Liste der Ziele erster Ordnung für strategische Luftangriffe aufgenommen. Damit war das Schicksal der Stadt besiegelt. Die „Fliegenden Festungen" der Amerikaner hinterließen nach ihren Angriffen eine weitgehend zerstörte Stadt. Nicht anders erging es Nürnberg, das zwischen 1942 und 1945 59 Luftangriffe erlebte. Am 2. Januar 1945 verwüstete ein Angriff der Royal Air Force die historische Altstadt bis zur Unkenntlichkeit. In England hielt man befriedigt fest: „It was a nearly perfect example of area bombing." Zweieinhalb Monate später stand Würzburgs schwärzester Tag bevor: 380 000 Stabbrandbomben und eine große Anzahl Sprengbomben vernichteten innerhalb von 20 Minuten in einem einzigen Feuersturm die Bischofsstadt. Sie gehörte zu den drei am stärksten zerstörten Städten in Deutschland. Vor dem Angriff lebten hier etwa 108 000 Menschen, Anfang April 1945 waren es noch höchstens 50 000 Personen. Im April erlebte dann auch die Gauhaupt- und Festspielstadt Bayreuth ihre Götterdämmerung: In vier Angriffswellen wurde sie kurz vor Kriegsende in Schutt und Asche gelegt.

Die Verteidigung Brettheims

Gerade in den letzten Wochen des Zweiten Weltkriegs zeigte sich das verbrecherische NS-Regime noch einmal von seiner brutalsten Seite. Wie gnadenlos gegen diejenigen vorgegangen wurde, die angesichts des sicher verlorenen Krieges versuchten, den Wahnsinn des Blutvergießens zu stoppen, zeigt folgender Bericht:

„Am 7. April 1945 erwarteten die Bewohner von Brettheim bei Rothenburg beinahe stündlich den Einmarsch der Amerikaner. Sie waren in der Mehrheit entschlossen, den Amerikanern keinen Widerstand zu leisten, obwohl sich SS-Männer im Dorf aufhielten. Plötzlich tauchten vier Hitlerjungen in dem 500-Seelen-Dorf auf, 15 und 16 Jahre alt. Sie trugen vier Panzerfäuste und ein Gewehr und wollten ‚die Front erkunden'. Vor allem aber wollten sie Brettheim verteidigen. Die Brettheimer hatten aber Angst, die Amerikaner könnten ihr Dorf bombardieren, wenn sie auf Widerstand stoßen sollten. Einige Männer gingen deshalb gegen die Buben vor und entwaffneten sie. Die aber meldeten den Vorgang bei der Kreisleitung und nun begann der Terrorapparat der Nazis zu arbeiten. SS-Männer ergriffen einen der Beteiligten und stellten ihn sofort vor ein Standgericht. Das Urteil lautete: ‚Tod durch Erhängen wegen Wehrkraftzersetzung.' Doch der Brettheimer Bürgermeister und der Ortsgruppenleiter weigerten sich, die Beschlüsse zu unterzeichnen. Daraufhin wurde auch gegen sie das Todesurteil ausgesprochen. Am 10. April wurden die drei Männer aufgehängt und ihre Leichen vier Tage lang nicht abgenommen. Doch damit nicht genug. Weil die SS weiterhin auf die Verteidigung Brett-

155

Das letzte größere Gefecht in Süddeutschland entbrannte in den Ruinen Nürnbergs. Fünf Tage dauerten die Kämpfe um die Stadt, die für die fanatischen Verteidiger die geheiligte Stadt der Reichsparteitage und für die Angreifer „the principal breeding ground of Nazism" war.

Am 20. April 1945 konnten die Amerikaner ihre erste Siegesparade in Nürnberg abhalten. Zwei Tage später sprengten sie das große Hakenkreuz auf der Zeppelintribüne im Reichsparteitagsgelände. Die Geste zeigte aller Welt, Hitlers Diktatur war endgültig zu Ende.

Gegen das Regime

Nicht alle in Franken hatten das braune Gedankengut widerspruchslos hingenommen. Regimekritik und Widerstand zeigte sich in ganz unterschiedlicher Weise, wie bei Alfred Heiß (1904–1940), im Frankenwald in kleinbäuerlichen Verhältnissen geboren, der wegen seiner katholischen Überzeugung den Dienst unter dem Hakenkreuz verweigerte und deshalb hingerichtet wurde, wie bei Mitgliedern der NS-Frauenschaft in Eckartshausen (Markt Werneck, Lkr. Schweinfurt), die drohten, geschlossen aus der Frauenschaft auszutreten, wenn das Kreuz in der örtlichen Schule abgenommen würde – kinderreiche Mütter warfen demonstrativ ihre Mutter-Ehrenkreuze auf den Boden – oder wie bei Friedrich Puchta, Pazifist, politisch links engagiert und schon aus diesen Gründen mundtot zu machen.

Der Sozialdemokrat und Pazifist Friedrich Puchta

Puchta (1883–1945), Sohn einer Arbeiterfamilie, fand früh den Weg in die Sozialdemokratie. Er begann seinen beruflichen Weg als Journalist in seiner Heimatstadt Hof und ging später als

Redakteur nach Bayreuth, wo er zum Vorsitzenden der Sozialdemokraten gewählt und so zum unmittelbaren Gegner Hans Schemms, des Nazi-Demagogen und Agitators, wurde. Das „Gaubönzlein von Oberfranken" sparte nicht mit Hasstiraden gegen die „roten Hunde" Puchtas, der seit 1928 einen Sitz im Reichstag hatte. Nach der Machtergreifung hielt Puchta eine Rede in Bayreuth, in der er prophetisch sein Schicksal vorwegnahm: „Es kann sein, dass wir unser Leben hinwerfen müssen in der Verteidigung unserer Freiheit."

Kurze Zeit später wird Puchta verhaftet und mit Parteigenossen und Kommunisten in das Gefängnis Bayreuth-St. Georgen gebracht, wo die Männer physischen und psychischen Misshandlungen ausgesetzt sind. Puchtas nächste Stationen sind das KZ Dachau und das Gefängnis München-Stadelheim. Nach seiner Entlassung geht Puchta – seine politische Überzeugung ist ungebrochen – in den Untergrund und wird 1935 wegen „Vorbereitung zum Hochverrat" zu zweieinhalb Jahren Gefängnis verurteilt. Nach der neuerlichen Entlassung kommt er als Buchhalter in München unter und wird hier im Zug der Massenverhaftungen nach dem Hitler-Attentat 1944 erneut in das KZ Dachau verschleppt.

Die Befreiung durch die Amerikaner kam für Puchta zu spät. Schon todkrank hatte er sich mit anderen Häftlingen auf den Todesmarsch Richtung „Alpenfestung" begeben müssen. Den von Hungerthyphus Gezeichneten brachten die Sieger umgehend in ein Krankenhaus, doch hier konnte ärztliche Kunst nicht mehr helfen. Friedrich Puchta starb wenige Tage nach der Kapitulation am 17. Mai 1945. Die Stadt Bayreuth hat eine Straße nach ihm benannt.

Zwischen Wiederaufbau und Wende

Am Ende des Zweiten Weltkriegs stand auch Franken vor einem Trümmerhaufen. Hunderttausende waren als Soldaten auf den Kriegsschauplätzen, als zivile Bombenopfer oder durch Hunger gestorben. Die Überlebenden existierten in den zerstörten Städten unter primitivsten Bedingungen.

Deutschland wurde von den Siegern in vier Besatzungszonen aufgeteilt. Dabei fiel Franken, wie ganz Bayern, den Amerikanern zu, die das fränkische Territorium um 45 km² vergrößerten. Ostheim vor der Rhön (Lkr. Rhön-Grabfeld), eine seit 1920 zu Thüringen gehörende Enklave, kam nach dem Willen der Militärregierung zu Bayern. Weitere Gebietsveränderungen gab es in Franken nicht.

Wo der Nationalsozialismus seine größten Triumphe gefeiert hatte, dort sollte auch über ihn zu Gericht gesessen werden, meinten die Amerikaner und setzten trotz des Widerspruchs der Russen Nürnberg als Verhandlungsort für den Prozess gegen die Hauptkriegsverbrecher durch. Er begann am 20. November 1945 und endete am 1. Oktober 1946. Erstmals in der Geschichte wurden Politiker persönlich für die von ihnen zu verantwortenden Taten belangt. Sie gaben ein klägliches Bild ab. Ein Prozessbeobachter schrieb: „Das hier sind sehr kleine Männer. … Man hat das Gefühl, das Tribunal klagt die Glühbirne an und nicht das Licht." Von wenigen Ausnahmen abgesehen, bezeichneten sich die Angeklagten als nicht schuldig. Der Psychopath Julius Streicher blieb seinem Führer bis zuletzt treu. Er wurde wegen „Verbrechen gegen die Menschlichkeit" zum Tode durch den Strang verurteilt.

Der Prozess gegen die Hauptkriegsverbrecher fand gegen den Willen der Russen in Nürnberg statt. – Fotografie, 1945/46.

Als unmittelbare Folge des Krieges kamen über zwei Millionen Flüchtlinge und Heimatvertriebene nach Bayern. In Franken fand eine große Zahl der Obdach suchenden Menschen ein neues Zuhause. Die Nahrungsmittelversorgung und der Wohnungsmangel stellten die Besatzungsbehörden und die bayerische Verwaltung vor riesige Probleme. Der Leiter des Flüchtlingsamtes Rehau (Lkr. Hof) notierte unter dem Eindruck der Geschehnisse: „Tausende Menschen zogen ohne seelischen Halt durch die Straßen und Dörfer. … Es war ein furchtbarer Anblick. Soweit sich die Familie zusammengefunden hat oder beisammen war, entstand die nächste Sorge nach Wohnung und Arbeit, um die Familie zu erhalten. Der Kampf um das eigene und das Leben der Familie begann von Neuem."

Besonders die Ansiedlung Vertriebener aus dem gewerblich-industriell geprägten Sudetenland wurde staatlich gelenkt: „Die bayerische Wirtschaftsverwaltung versuchte trotz vieler Schwierigkeiten schon früh, einige typische sudetendeutsche Industriezweige geschlossen anzusiedeln", hielt ein Zeitzeuge 1947 fest. So fanden Instrumentenbauer aus dem Sudetenland in Bubenreuth bei Erlangen eine neue Heimat. Die von ihnen produzierten Streich- und Zupfinstrumente genießen heute Weltruhm.

Die wirtschaftlichen und gesellschaftlichen Herausforderungen, die das Flüchtlingsproblem mit sich brachte, trafen Franken hart, noch schlimmer erschien jedoch die Unterbrechung der althergebrachten Verkehrsverbindungen und Wirtschaftsbeziehungen nach Thüringen, Sachsen und auch in den tschechischen Raum durch den Eisernen Vorhang. Die Energiewirtschaft Oberfrankens war bis 1945 vorwiegend auf die Zulieferung von Strom aus Thüringen eingestellt. Nun schnitt die Zonengrenze die früheren Versorgungsgebiete ab. „Oberfranken – ein deutsches Problem" titelte die „Oberfränkische Wirtschaft" im Januar 1953 und mahnte eigene Hilfsprogramme für den arg gebeutelten Raum an. Der Bund und das Land Bayern suchten nach Lösungen und boten ab 1954 immerhin steuerliche Erleichterungen an. Noch schwieriger wurde die Lage für die Grenzregionen Frankens, als der Bau der Mauer 1961 die Teilung Deutschlands zementierte. Arbeitslosigkeit und Abwanderung in die Hochburgen des Wirtschaftswunders waren die Folge.

Denn seit den 50er-Jahren ging es andernorts aufwärts. Die Währungsreform im Juni 1948 mit ihrer harten D-Mark hatte den Grundstein für die Gesundung der Wirtschaft gelegt. Nach den Entbehrungen des Krieges herrschte Nachholbedarf in fast allen Bereichen des täglichen Lebens. Der „Fresswelle" folgten die „Kleider-", die „Einrichtungs-", die „Motorisierungs-" und schließlich die „Reisewelle". Endlich stellte sich das lange vermisste Völlegefühl nach dem Essen üppiger Braten wieder ein. Die Menschen waren stolz auf ihren Nierentisch und die Plastikstühle, auf Nyltesthemden, Petticoats und die Nylonstrümpfe mit ihrer feinen Naht und erst recht auf die neue Wasch-

Otto Normalverbraucher und Lieschen Müller fanden in den Katalogen der fränkischen Versandhäuser fast alles, was das konsumbegierige Herz wünschte.

maschine und das gebrauchte Auto. In den Katalogen der fränkischen Versandhäuser Quelle in Fürth und Bauer in Burgkunstadt fand Otto Normalverbraucher die meisten der heiß
begehrten Konsumartikel – und fast immer zu erschwinglichen
Preisen. Ab 1953 konnte man die bei Quelle bestellten Artikel
nach dem Motto „Alle sollen es besser haben – und zwar nicht
erst morgen, sondern heute" sogar in Raten bezahlen.

Als Vater dieses überwältigenden „deutschen Wirtschaftswunders" gilt der in Fürth geborene Politiker Ludwig Erhard.

Ludwig Erhard

Erhard wurde am 4. Februar 1897 als Sohn eines Textilwaren-
händlers geboren. Nach der mittleren Reife, einer kaufmännischen
Lehre, der Teilnahme am Ersten Weltkrieg und dem Besuch der
Handelshochschule in Nürnberg ging Erhard nach Frankfurt, wo er
seine universitäre Ausbildung abschloss und zum Dr. rer. pol.
promoviert wurde. Von 1928 bis 1942 war er wissenschaftlicher
Assistent an der Handelshochschule in Nürnberg. Aus einem von
ihm 1934/35 organisierten Seminar ging die heutige GfK AG,
Gesellschaft für Konsum-, Markt- und Absatzforschung, das
größte deutsche Marktforschungsinstitut mit Sitz in Nürnberg,
hervor. Nach Kriegsende beriet Erhard die amerikanische Besatzung in wirtschaftspolitischen Fragen. 1945/46 war er bayerischer
Wirtschaftsminister, danach Leiter der Sonderstelle Geld und Kre-
dit, die die Währungsreform vorbereitete. Eigenmächtig hob er
Zwangsbewirtschaftung und Preisbindung auf, eine Entscheidung,
die als wesentliche Voraussetzung für das einsetzende Wirtschaftswunder gilt. 1949 berief ihn Adenauer als Bundesminister für
Wirtschaft in sein erstes Kabinett. Erhard, dem „Wohlstand für
alle" am Herzen lag, machte die soziale Marktwirtschaft zum Leit-
bild seiner Politik. Nach Adenauers Rücktritt 1963 wurde der
Wirtschaftsfachmann zum Bundeskanzler gewählt. Adenauer hielt
diese Wahl für einen Fehlgriff und tatsächlich blieben die drei
Jahre der Regierung Erhards glücklos, unter anderem wegen des
fehlenden Rückhalts in seiner Partei, der CDU. Am 1. Dezember
1966 trat Ludwig Erhard als Bundeskanzler zurück. Er starb am
5. Mai 1977.

In den Jahren nach der Währungsreform entwickelte sich Franken zu einem der Zentren der Elektroindustrie in Deutschland. Wichtige Unternehmen der Branche, die bis 1945 in Berlin ansässig waren, zogen hierher. So hatte sich Siemens zunächst in Hof, später in Erlangen und Loewe im oberfränkischen Kronach niedergelassen. In Erlangen war man über die zuziehenden „Preußen" nicht gerade begeistert, hatte man doch in der Stadt genug Probleme und Sorgen wegen der Wohnungsnot. So ist es kein Wunder, dass sich die Siemens-Mitarbeiter beklagten: „In Erlangen stößt man noch weitgehend auf Unverständnis und wenig Aufgeschlossenheit für die Notwendigkeiten eines Industrieunternehmens vom Range unseres Hauses." Doch die Aversion gegen die Berliner legte sich schnell als klar wurde, dass die Ansiedlung des Unternehmens ihren Teil dazu beitragen würde, die Arbeitslosigkeit zu beseitigen.

Warum nun entschied sich die Berliner Leitung ausgerechnet für Erlangen? Man suchte innerhalb der drei Besatzungszonen nach verkehrsgünstig gelegenen Orten mit einigermaßen intakter Infrastruktur. Hof, das in Süddeutschland als erste Anlaufstelle diente, kam als Grenzort zur Ostzone nicht in Frage, Nürnberg lag in Schutt und Asche und München erschien den Verantwortlichen zu weit südlich. Erlangen erhielt schließlich vor anderen kaum zerstörten fränkischen Städten wie Ansbach wegen seiner Universität den Zuschlag.

Ein weiterer Glücksfall für den fränkischen Raum wurde Max Grundig (1908–1989), dessen Unternehmen in Fürth sich geradezu zu einem Synonym für das Wirtschaftswunder entwickelte. Schon 1950 galt Grundig als der größte Hersteller von Rundfunkgeräten in Europa, 1955 als größter Tonbandproduzent der Welt und 1965 als größter Fernseherhersteller Deutschlands.

Unternehmen einer ganz anderen Branche gründeten 1948/49 die Brüder Rudolf (1898–1974) und Adolf Dassler (1900–1978). Bereits in den 20er-Jahren hatten sie in der elterlichen Waschküche begonnen, Sportschuhe herzustellen. Und sie waren erfolgreich: Bei den Olympischen Spielen in Amsterdam 1928 liefen die ersten Teilnehmer in Dassler-Schuhen. Nach dem Ende des Krieges gründeten die Brüder in ihrem Heimatort Herzogenaurach (Lkr. Erlangen-Höchstadt) gemeinsam eine Fabrik zur Herstellung von Sportschuhen. Streitigkeiten führten allerdings dazu, dass Rudolf die Firma verließ und ein eigenes Unternehmen etablierte, dem er den Namen „Puma" gab. Sein Bruder Adolf (Adi) firmierte von nun an unter dem Namen „adidas". Beide in unmittelbarer Nachbarschaft liegenden Betriebe entwickelten sich zu Weltunternehmen. Die adidas GmbH ist heute der zweitgrößte Sportartikel-Hersteller der Welt.

Kanalbau und Gemeindereform

Nach der Konsolidierung der Wirtschaft begann in Bayern eine langfristige und weitreichende Landesplanung: „Planung ist der große Zug unserer Zeit. Planung ist ein gegenwärtig ins allgemeine Bewusstsein aufsteigender Schlüsselbegriff unserer Zukunft."

In den großen Planungsrahmen gehörte ein Projekt, das schon seit Beginn des 20. Jahrhunderts immer wieder in den Köpfen der Politiker spukte: Ein neuer Kanal, eine Großschifffahrtsstraße zwischen Aschaffenburg und Passau, auf der nun endlich auch die großen Rheinschiffe fahren konnten, sollte gebaut werden. Den alten Ludwig-Donau-Main-Kanal hatte man nach den Beschädigungen im Zweiten Weltkrieg 1950 endgültig aufgegeben. Seine Trasse war in der Zwischenzeit weitgehend verschwunden. 1960 begannen die Arbeiten am neuen Kanal, die Häfen Schweinfurt und Bamberg wurden ausgebaut und modernisiert, ab 1972 durfte sich auch Nürnberg Hafenstadt nennen. Die Teilstrecke von Nürnberg nach Kelheim war in den 70er- und 80er-Jahren, vor allem wegen des Verlaufs durch das Altmühltal, politisch höchst umstritten. Im September 1992 konnte schließlich das letzte Kanalstück eingeweiht werden. Die Bauarbeiten hatten bis dahin 2,3 Milliarden Euro verschlungen.

Ein schlimmer Unglücksfall überschattete die Bautätigkeiten. 1979 war der Damm eines noch nicht fertiggestellten, aber bereits gefluteten Teilstücks bei Nürnberg-Katzwang gebrochen. Der Kanal lief bis zur Schleuse Leerstetten komplett aus.

Durch ein 15 Meter breites Loch strömten 850 Millionen Liter Wasser und überfluteten weite Teile Katzwangs. Der rein materielle Schaden wurde auf 12 Millionen Euro geschätzt. Leider verlor ein 12-jähriges Mädchen sein Leben.

Eine wesentliche Zäsur stellte die ab 1972 durchgeführte Gebietsreform dar. Ihr Ziel war es, durch größere Verwaltungseinheiten leistungsfähigere Gemeinden zu schaffen. So gab es in Oberfranken vor der Reform 635 Gemeinden, danach nur noch 132 kommunale Verwaltungseinheiten. Auch die Zahl der oberfränkischen Landkreise nahm ab: vor der Reform 17, nach 1972 nur noch neun. Stadt und Landkreis Eichstätt gingen Franken verloren und gehören nun zu Oberbayern.

Besonders die kommunale Gebietsreform führte zu heftigen Auseinandersetzungen vor Ort. Ihre erbittertsten Gegner saßen in Franken. Etliche Gemeinden versuchten, sich aus den Zwangsgemeinschaften wieder zu lösen oder widersetzten sich vehement der Eingliederung, wie die Gemeinde Ermershausen (Lkr. Haßberge). Sie erlangte überregionale Bekanntheit, als die Bürger des Ortes das Rathaus besetzten und Barrikaden errichteten, um die Verlegung der Gemeindeverwaltung nach Maroldsweisach zu verhindern. Das Dorf wurde schließlich von Hundertschaften der Bereitschaftspolizei gestürmt und das Rathaus geräumt. Erst 1994 wurde Ermershausen als eine der kleinsten Gemeinden Bayerns wieder selbstständig.

Universitäten und Fachhochschulen

In den 70er-Jahren begann ein umfassender Ausbau der Hochschullandschaft Frankens. Zunächst wurde Nürnberg durch die Eingliederung der Hochschule für Wirtschafts- und Sozialwissenschaften (1961) und der Pädagogischen Hochschule (1972) in die Universität Erlangen zur Universitätsstadt (seither Universität Erlangen-Nürnberg). Schon 1970 hatte der bayerische Landtag beschlossen, in Nordbayern eine neue Universität zu gründen und wählte die ehemalige Universitätsstadt Bayreuth – 1742 hatte Markgraf Friedrich hier eine Universität gegründet, die später nach Erlangen verlagert wurde – als Standort. Der Studienbetrieb begann 1975. 1979 wurde schließlich auch Bamberg durch die

Umwandlung der Theologischen und der Pädagogischen Hochschule in eine Volluniversität zur Universitätsstadt. Die jüngste Universitätsstadt ist Fürth, das sich mit dem Beinamen „Wissenschaftsstadt" schmücken darf. 2006 siedelte sich hier das Zentralinstitut für Neue Materialien und Prozesstechnik (ZMP) der Universität Erlangen-Nürnberg an. Es verfügt über ein weltweit einmaliges Großkammer-Rasterelektronenmikroskop und die größte Diamantbeschichtungsanlage der Welt.

Nach der Verabschiedung der Fachhochschulgesetze zu Beginn der 70er-Jahre entstanden in Franken zunächst die Fachhochschulen Coburg und Würzburg-Schweinfurt (beide 1971). Um auch in den strukturärmeren Regionen ein flächendeckendes Angebot von Hochschulen sicherzustellen, wurden dann in den 90er-Jahren in Hof (1994), Aschaffenburg (1995) und Ansbach (1996) ebenfalls Fachhochschulen etabliert.

Hilfe für strukturschwache Gebiete

Die 70er-Jahre läuteten einen tief greifenden strukturellen Wandel der Industrie in Franken ein, den auch staatliche Maßnahmen wie das 1971 beschlossene Zonenrandförderungsgesetz – etwa 40 Prozent Unterfrankens und 75 Prozent Oberfrankens gehörten zum Subventionsgebiet – oder der Bau des „Frankenschnellwegs" nicht aufhalten konnten. Heftige Diskussionen begleiteten das 1977 auf Hochtouren laufende Raumordnungsverfahren, als es um die Anbindung der oberfränkischen Gebiete an den mittelfränkischen Raum ging. „Grünes Licht für den Frankenschnellweg" forderten die einen, „Hände weg vom Gottesgarten!" (= Gebiet um Vierzehnheiligen, Kloster Banz und Staffelberg) die anderen. Für den oberfränkischen Regierungspräsidenten Wolfgang Winkler bestand kein Zweifel an der enormen Bedeutung der Verkehrsverbindung: „Jede Verzögerung des Baues des Frankenschnellweges bedeutet für die Wirtschaft und damit auch für die Bewohner unseres Raumes nicht nur erhebliche materielle Einbußen; sie kann wegen der Industrie- und Bevölkerungsabwanderung zur bedrohlichen Gefahr für den Regierungsbezirk Oberfranken werden."

Winklers Befürchtungen waren nicht unbegründet, denn neben der Elektroindustrie betraf der Umbruch vor allem die traditionelle Textil- und Keramikherstellung in Oberfranken. Und neue Unternehmen zögerten, in den strukturschwachen Grenzregionen – hier war genauso das nördliche Unterfranken betroffen – zu investieren. Merklich weniger wirtschaftliche Schwierigkeiten hatten die südbayerischen Gebiete. Die Ansiedlung neuer Technologiebranchen gelang hier besser als in den meisten Gebieten Frankens. Dass man nun in München um Hilfe bei der Krisenbewältigung nachsuchen musste, belastete das fränkische Selbstwertgefühl beträchtlich, auch wenn sich die Region Nürnberg – Fürth – Erlangen oder der Raum um Würzburg und Aschaffenburg deutlich besser präsentierten.

Konnte der Tourismus den strukturschwachen Gegenden helfen? Schon seit den 50er-Jahren bemühten sich Werbestrategen, Franken als touristische Marke zu etablieren. Städte warben mit Kunst und Kultur, ländliche Gegenden setzten auf Natur. „Der Steigerwald macht Karriere – Fremdenverkehr um 18,4 Prozent gestiegen", lautete 1968 die Schlagzeile eines Presseberichts. Auch in der Fränkischen Schweiz blieb man nicht untätig. Vier Landkreise und 17 Fremdenverkehrsgemeinden schlossen sich mit dem erklärten Ziel zusammen, den Begriff „Fränkische Schweiz" im Bewusstsein des Reisepublikums fester zu verankern. „Mit Bier und Burgen" versuchten Werbefachleute, mehr Ausflügler und Touristen in den Frankenwald zu locken. Die 1977 propagierte „Bier- und Burgenstraße" führt von Kulmbach mit der Plassenburg über Kronach mit der Veste Rosenberg und Mitwitz mit seinem bekannten Wasserschloss zur Burg Lauenstein.

Schließlich wurde die „Urlaubspalette zwischen Main und Donau" in den 80er-Jahren um einen bedeutenden Anziehungspunkt erweitert: das südlich von Ansbach und südwestlich Nürnberg gelegene „Fränkische Seenland" entstand. Ursprünglich nur zur Wasserversorgung des trockenen bayerischen Norden gedacht, entwickelten sich die Seen zum Anziehungspunkt für Tagestouristen und Urlauber. Die ländlich geprägte Region erkannte sehr schnell das Potenzial und entwickelte ein Gesamtkonzept, das die Bedürfnisse von Wassersport und Aktiv-

Das Fränkische Seenland, ursprünglich nur zur Wasserversorgung des trockenen bayerischen Nordens geplant, entwickelte sich zu einem touristischen Anziehungspunkt. – Panorama des Großen Brombachsees.

urlaub mit dem Schutz der Landschaft verbindet. Rund um die Seen konnten so rund 2500 Arbeitsplätze geschaffen werden.

„Zur schönen Sommerzeit ins Land der Franken fahren"

Heute folgen – nicht nur zur Sommerzeit – diesem Rat Victor von Scheffels (1826–1886) jährlich bis zu 7 Millionen Urlaubsgäste. Was verbinden sie mit Franken? Dieser Frage ging der Tourismusverband Franken e. V. in zwei groß angelegten Studien nach. Essen und Trinken, so das Ergebnis der Untersuchung, kommt den Menschen als Erstes in den Sinn, wenn sie an Franken denken, also Frankenwein, Bier und ganz sicher die Bratwurst in ihren unterschiedlichen Erscheinungsformen: als Coburger Bratwurst, über Kiefernzapfen gegrillt und im Rohzustand stattliche 31 cm lang, als Nürnberger Rostbratwurst, nur 7 bis 9 cm kurz, mit einem Durchmesser von 1,5 cm, damit sie durch ein Schlüsselloch in den Nürnberger Lochgefängnissen passt, oder als Sulzfelder (Lkr. Kitzingen) Meterbratwurst, die man halbmeterweise bestellt. Wer

167

einen neuen Verzehrrekord aufstellen möchte, muss mehr als 6 m Bratwurst verspeisen!

Neun von zehn Besuchern, auch dies ein Ergebnis der Studien, wollen in Franken Natur erleben und dazu nützen sie immer häufiger das Fahrrad. Bei der Radreiseanalyse 2008, die auf der Internationalen Tourismusbörse in Berlin vorgestellt wurde, konnte sich der 600 km lange Mainradweg als einer der schönsten Radwege Deutschlands profilieren. Auf der Beliebtheitsskala kletterte er auf Platz drei. Der Weg führt vom Bierfränkischen – keine Region Europas verfügt über eine derartige Brauereidichte wie Franken – ins Weinfränkische: von Kulmbach am Weißen Main über die Weltkulturerbe-Stadt Bamberg nach Volkach und seine Weininsel, weiter nach Würzburg mit seiner berühmten Lage „Würzburger Stein" – „Sende mir noch einige Würzburger, denn kein anderer Wein will mir schmecken", schwärmte Goethe – und schließlich nach Aschaffenburg mit seinem Schloss Johannisburg und dem für König Ludwig I. erbauten Pompejanum. Genauso gut kann man den Weg auch am Roten Main beginnen und besucht dann die Festspielstadt Bayreuth, wo von Ende Juli bis Ende August Wagners Werke zu hören sind.

Essen und Trinken lassen sich in Franken ganz wunderbar mit Naturerlebnissen, Erholung, Sport und Kultur verbinden. Ob man nun Nürnbergs „Christkindlesmarkt" besucht oder auf dem jüngsten nordbayerischen Wanderweg, dem Fränkischen Gebirgsweg, im Frankenwald unterwegs ist, ob man die Wellness-Angebote der Heilbäder und Kurorte des „Gesundheitsparks Franken" genießt oder sich in den beiden fränkischen Freilandmuseen in Bad Windsheim (Lkr. Neustadt/Aisch-Bad Windsheim) und Fladungen (Lkr. Rhön-Grabfeld) darüber informiert, wie die Menschen im ländlichen Franken gelebt, gewohnt und gearbeitet haben, die Angebotspalette ist breit und hält für Familien und Aktivurlauber eine Vielzahl von attraktiven Möglichkeiten bereit.

Insgesamt sichert heute der Tourismus in Franken mehr als 55 000 Vollarbeitsplätze. Er wurde damit zu einem der wichtigsten Wirtschaftszweige und blieb dies auch nach dem Fall des Eisernen Vorhangs, als sich manche Erleichterung, aber durchaus auch neue Probleme für die Region abzeichneten.

Vom Zonenrand in die Mitte Europas

Franken, das auf einer Länge von über 300 Kilometern an die DDR grenzte, war von den sich überstürzenden Ereignissen des November 1989 besonders betroffen. Scharen von DDR-Bürgern stürmten nach dem Mauerfall die grenznahen Städte Coburg, Kronach oder Hof. Selbst das nicht in unmittelbarer Nähe der Zonengrenze liegende Würzburg zählte am ersten Wochenende nach der Grenzöffnung 2400 Besucher aus dem Osten. Zweitakterqualm, Staus und bananenlose Supermärkte bleiben den Zeitzeugen ganz sicher in Erinnerung. Nachdem sich die erste Euphorie gelegt hatte, hielt eine Coburgerin die Schattenseiten fest: „Nun kommen auch Bedenken und Gedanken über die zu erwartenden Schwierigkeiten auf. Stadt und Landkreis Coburg haben die Grenze ihrer Belastbarkeit hinsichtlich des Straßenverkehrs erreicht. Wildes Parken behindert den fließenden Verkehr, überfüllte Parkplätze, Geschäfte und Supermärkte strapazieren die Nerven der Einheimischen. Die verstärkte Schadstoffbelastung der Luft durch die ungezählten zusätzlichen Autos und Busse aus der DDR ist für uns ein heißes Thema geworden. Doch das sind nur einige der vielen neuen Probleme, mit denen wir uns befassen müssen."

Zunächst brachte die Grenzöffnung neue Impulse für die Wirtschaft der ehemals völlig abseits im Zonenrandgebiet liegenden fränkischen Regionen. Nach einer 1992 durchgeführten Untersuchung entwickelten sich vor allem der Dienstleistungssektor, die Industrie und auch der Gewerbebereich positiv. Die unmittelbar an Sachsen und Thüringen angrenzenden Gebiete erlebten in der ersten Hälfte der 90er-Jahre einen deutlichen Bevölkerungszuwachs. Danach gingen jedoch die Einwohnerzahlen – besonders im Nordosten Frankens – wieder zurück, abermals setzte eine Abwanderung in die Ballungsräume ein. Durch den Wegfall der Zonenrandförderung und durch konkurrierende Billigproduktionsstätten in den Ländern Osteuropas waren nicht wenige Arbeitsplätze in Gefahr geraten. Schließlich entschieden viele Unternehmer, die Billiglohnsituation in diesen Ländern zu nutzen und selbst dort zu produzieren. Vor allem die traditionelle Textilindustrie Oberfrankens war von diesen Entwicklungen betroffen. Und die Krise in der Porzellanindustrie tat ein Übriges, um Städte wie Selb oder Arzberg (beide Lkr. Wunsiedel) der Überalterung, einem Verfall der Infrastruktur und letztendlich der Resignation preiszugeben.

Anders sah es in Mittelfranken aus. Die Region um Nürnberg – Fürth – Erlangen entwickelte sich zu einem der höchst industrialisierten Gebiete Bayerns und zum sechstgrößten Wirtschaftsraum Deutschlands. Hier setzte man mit Elektronik, Elektrotechnik, Maschinenbau, Nahrungsmittelherstellung und der Produktion hochwertiger Spielwaren auf Bereiche, die nicht mit osteuropäischen Billiglohnländern konkurrieren mussten. Als Beispiel für die richtige Mischung aus Innovation und Knowhow mag Erlangen dienen, das zum wichtigsten Standort für Medizintechnik in Deutschland ausgebaut wurde. Hier werden unter anderem Implantate für die Wirbelsäule, künstliche Hüftgelenke oder Knie aus hochmodernen Werkstoffen hergestellt. Über 20 000 Menschen arbeiten inzwischen im Bereich der Medizintechnik. Aber nicht nur als „Medical Valley" machte Erlangen von sich reden: Mitarbeiter des Fraunhofer Instituts forschten seit 1987 an einem Audiocodierverfahren, das schließlich als MP3-Player 1996 seinen Siegeszug antreten konnte.

Doch es gab auch Rückschläge. Zu Beginn der 80er-Jahre erlebte der ehemalige Vorzeige-Konzern Grundig erste Einbrüche – japanische Hersteller drängten mit Macht auf den deutschen Markt. Max Grundig verließ schließlich das Unternehmen, das 1984 mit dem niederländischen Philips-Konzern fusionierte. Der Untergang ließ sich jedoch nicht mehr aufhalten. Als sich nach dem Verkauf (1998) an ein bayerisches Konsortium keine Erholung einstellte, verlängerten die Banken die Kreditlinie nicht mehr. Fünf Jahre später wurde das Unternehmen zerschlagen. Wie rasant der Niedergang verlief, lässt sich an den Beschäftigtenzahlen ablesen: Ende der 80er-Jahre waren über 28 000 Menschen bei Grundig beschäftigt, 2003 nur mehr 3500.

Deutschlandweites Aufsehen erregte die Schließung des traditionsreichen Nürnberger AEG-Werks, die zum härtesten Arbeitskampf seit Jahrzehnten führte. Mitte Dezember 2005 kündigte die schwedische Unternehmensleitung an, die Produktion ins Ausland verlagern zu wollen. Arbeitsniederlegungen waren die Folge und Solidaritätskundgebungen aus der Bevölkerung für die 1750 von dem Stilllegungsbeschluss bedrohten Arbeitnehmer. Um die Schließung der Fabrik zu verhindern, entschied sich die Belegschaft für einen Streik, der schlussendlich 46 Tage dauerte. Am 7. März 2006 nahmen die Beschäftigten die Arbeit wieder auf, ohne ihr Ziel erreicht zu haben. Da die Produktion wegen eines stets hohen Krankenstandes nicht mehr richtig in Gang kam, beschloss die Konzernleitung, die Schließung vorzuziehen. Am 9. März 2007 lief in Nürnberg die letzte Waschmaschine vom Band, am 16. März wurde das Werk geschlossen.

Auch in Unterfranken musste man sich Krisensituationen stellen. Zu Beginn der 90er-Jahre hatte Schweinfurt den Verlust von mehr als 10 000 Arbeitsplätzen in der die Stadt prägenden Metallindustrie zu verkraften. Zehn Jahre später war die Misere überwunden, ein neuer Boom kündigte sich an. Der Aufschwung stellt Schweinfurt in ein glänzendes Licht: Ein Schwei-

Produktion elektronisch geregelter Stoßdämpfer im Schweinfurter Werk der ZF Sachs AG.

zer Forschungsinstitut bescheinigte der Stadt im Zukunftsatlas 2007, Bereich „Dynamik", Platz 1 im Vergleich mit 439 deutschen Städten und Landkreisen und Platz 19 im Bereich „Zukunftsfähigkeit allgemein". Dank hoher Gewerbesteuereinnahmen war Schweinfurt Ende 2007 praktisch schuldenfrei. Die positive Entwicklung spiegelt sich in der Zahl der industriellen Arbeitsplätze: Nach dem Tiefststand 1997 mit 17 000 Beschäftigten können Ende 2007 wieder 21 000 Menschen einer Tätigkeit in diesem Bereich nachgehen.

Die politische Umwälzung im gesamten ostmitteleuropäischen Raum führte 2004 zur EU-Osterweiterung. Franken, das durch die historischen Veränderungen wieder mitten in Deutschland und Europa liegt, ist davon durch seine Grenze zu Tschechien unmittelbar betroffen. Durch die zentrale Lage kommt der Region eine wichtige Brückenfunktion Richtung Osten zu, wie das Europäische Raumentwicklungskonzept bereits 1999 festhielt. Diese Brückenfunktion wird sich auch auf die 2005 entstandene „Europäische Metropolregion Nürnberg" auswirken, die etwa 150 000 Unternehmen und 1,8 Millionen Erwerbstätige umfasst. Mit einem Bruttoinlandsprodukt von 103 Milliarden Euro zählt sie zu den wirtschaftsstärksten Räumen in Deutschland. Zu der von der Ministerkonferenz für Raumordnung als Wachstumsmotor für Europa anerkannten Region zählt ganz Mittelfranken, der größte Teil Oberfrankens und Teile Unterfrankens. Die Region verfügt über moderne Industriestandorte, differenzierte Dienstleistungsangebote, erstklassige Forschungseinrichtungen, beste Verkehrsanbindungen. hervorragend ausgebildete Arbeitskräfte, ein breites Ausbildungsangebot und einen hohen Freizeitwert. Sie ist damit bestens für die Zukunft gerüstet.

Und die Franken? Werden sie in dieser globalisierten Gesellschaft das bleiben, was sie historisch immer waren: „Eigenesüppchenkocher" und „Eigenebierebrauer"? Hartmut Heller schrieb, die Franken seien die „Summe regionaler Binnendifferenz". Daran wird sich vermutlich auch in Zukunft nichts ändern. Und das ist gut so!

Das Frankenlied

Wohlauf, die Luft geht frisch und rein
Wer lange sitzt, muss rosten
Den allerschönsten Sonnenschein
Lässt uns der Himmel kosten
Jetzt reicht mir Stab und Ordenskleid
Der fahrenden Scholaren
Ich will zur schönen Sommerzeit
Ins Land der Franken fahren
Valeri, valera, valeri, valera,
Ins Land der Franken fahren!

Der Wald steht grün, die Jagd geht gut
Schwer ist das Korn geraten
Sie können auf des Maines Flut
Die Schiffe kaum verladen
Bald hebt sich auch das Herbsten an
Die Kelter harrn des Weines
Der Winzer Schutzherr Kilian
Beschert uns etwas Feines
Valeri, valera, valeri, valera,
Beschert uns etwas Feines!

Wallfahrer ziehen durch das Tal
Mit fliegenden Standarten
Hell grüßt ihr doppelter Choral
Den weiten Gottesgarten
Wie gerne wär' ich mitgewallt
Ihr Pfarr' wollt mich nicht haben!
So muss ich seitwärts durch den Wald
Als räudig Schäflein traben
Valeri, valera, valeri, valera,
Als räudig Schäflein traben!

Zum heil'gen Veit von Staffelstein
Komm ich empor gestiegen
und seh' die Lande um den Main
Zu meinen Füßen liegen

Von Bamberg bis zum Grabfeldgau
Umrahmen Berg und Hügel
Die breite stromdurchglänzte Au
Ich wollt', mir wüchsen Flügel
Valeri, valera, valeri, valera,
Ich wollt', mir wüchsen Flügel!

Einsiedelmann ist nicht zu Haus'
Dieweil es Zeit zu mähen
Ich seh' ihn an der Halde drauß'
Bei einer Schnitt'rin stehen
Verfahr'ner Schüler Stoßgebet
heißt: Herr, gib uns zu trinken!
Doch wer bei schöner Schnitt'rin steht
Dem mag man lange winken
Valeri, valera, valeri, valera,
Dem mag man lange winken!

Einsiedel, das war missgetan
Dass du dich hubst von hinnen!
Es liegt, ich seh's dem Keller an
Ein guter Jahrgang drinnen
Hoiho, die Pforten brech' ich ein
und trinke, was ich finde
Du heil'ger Veit von Staffelstein
Verzeih mir Durst und Sünde!
Valeri, valera, valeri, valera,
Verzeih mir Durst und Sünde!

Victor von Scheffel
Sommer 1859

Zeittafel

Vor ca. 570 Mio. – vor ca. 800 000 Jahren	Entstehung der fränkischen Landschaft
vor ca. 600 000 Jahren	Heidelberger Frühmenschen in Franken
vor ca. 35 000 Jahren	Neandertaler in Franken
vor ca. 7000 Jahren	Jungsteinzeit; Ansiedlung erster Bauern
um 1700 v. Chr.	Beginn der Bronzezeit in Franken Verwendung von Kupfer, Zinn und Gold Siedlung auf befestigten Bergkuppen
um 700 v. Chr.	Beginn der Eisenzeit in Franken Luxusgüter aus dem Mittelmeerraum Großgrabhügel; Höhenburgen
um 500 v. Chr. – um 50 v. Chr.	Kelten in Franken
um 480 v. Chr.	Bau des Oppidums Menosgada (Staffelberg)
ab ca. 50 v. Chr.	Germaneneinfälle
1. Jh. n. Chr. bis etwa 250 n. Chr.	Römer in Franken; Bau des Kastells Biriciana (Weißenburg)
ab etwa 300 n. Chr. bis um 500 n. Chr.	Germanische Siedler; Gauburgen
5. Jh. n. Chr.	Franken ist Teil des Thüringerreiches
Ende 5./Anf. 6. Jh.	Untermaingebiet in fränkischer Hand
ab 6. Jh.	Fränkische Expansion nach Osten
7. Jh.	Bau von Grenzsicherungsanlagen gegen Slawen und Awaren Slawen siedeln in Franken
um 635	Radulf Herzog von Franken
Mitte 7. Jh.–ca. 716	Hedene Herzöge von Franken
um 685	Kilian, Apostel der Franken
741/42	Gründung des Bistums Würzburg
um 742	Gründung des Bistums Eichstätt
ca. Mitte 8. Jh.	Der Name „Franken" taucht erstmals für die Bewohner des Maingebietes auf
793	Bau der „Fossa Carolina"
8./9. Jh.	Mehrere fränkische Siedlungswellen
903–906	Babenberger Fehde
973	Schenkung Bambergs an Herzog Heinrich III. von Bayern
1007	Gründung des Bistums Bamberg
1046	Der Bamberger Bischof Suidger wird Papst Clemens II.
um 1050	Die Burg „Norenberc" wird neues Reichszentrum

1075–1121	Investiturstreit
ab Ende 11. Jh.–1248	Herrschaft der Andechs-Meranier in Oberfranken
ab 1137	Konrad III. macht Franken zum Mittelpunkt der staufischen Herrschaft
1156	Friedrich Barbarossa vermählt sich in Würzburg
1168	Bischöfe von Würzburg erhalten „Herzogsgewalt"
1170/80–um 1220	Wolfram von Eschenbach
um 1190	Die Zollern werden Burggrafen von Nürnberg
1260	Die Zollern erben Bayreuth
ab Anf. 14. Jh.	Nürnberg wird zur führenden fränkischen Reichsstadt
1331–1399	Die Zollern erwerben Ansbach, Schwabach, die Plassenburg, Kulmbach, Hof und weitere Orte
1353	Das Coburger Land wird Besitz der Wettiner
1356	Goldene Bulle Karls IV.
1415	Friedrich VI. von Zollern wird Markgraf und Kurfürst von Brandenburg
1423–1796	Reichskleinodien werden in Nürnberg aufbewahrt
1449–1453	Erster Markgräflerkrieg
1471–1528	Albrecht Dürer
1. H. 16. Jh.	Reformation
1525	Bauernkrieg in Franken
1530	Luther in Coburg
1552/53	Zweiter Markgräflerkrieg
1582	Gründung der Würzburger Universität
Ende 16. Jh./ Anf. 17. Jh.	Gegenreformation
Ende 16. Jh.– 1. H. 17. Jh.	Hexenverfolgung in Franken
1618–1648	Dreißigjähriger Krieg
1631–1635	Die Schweden in Franken
1632	Wallensteins Heerlager bei Zirndorf
1649	Friedenskongreß in Nürnberg
ab 2. H. 17. Jh.	Barock in Franken
	Bau der Erlanger Neustadt, der Würzburger Residenz, des Schlosses Weißenstein (Pommersfelden), der Wallfahrtskirchen Vierzehnheiligen und Gößweinstein
1680	Gründung des Fürstentums Sachsen-Coburg
1735–1758	Markgräfin Wilhelmine von Bayreuth Bayreuther Rokoko

1743	Gründung der Universität Erlangen
1769	Die brandenburg-bayreuthische Linie der Hohenzollern stirbt aus
1780	Gründung der Ansbachischen Hofbank, Vorläufer der heutigen HypoVereinsbank
1791	Der letzte Markgraf von Ansbach-Bayreuth dankt ab
1792–1806	Ansbach-Bayreuth gehört zu Preußen
1796	Das Ansbacher Mémoire Montgelas'
1803	Reichsdeputationshauptschluss Die Hochstifte Würzburg und Bamberg, die Reichsstädte Rothenburg, Schweinfurt, Weißenburg, Windsheim fallen an Bayern
1803–1813	Fürstentum Aschaffenburg unter Carl Theodor von Dalberg
1806	Nürnberg, zahlreiche Fürstentümer und Grafschaften, die Gebiete der Reichsritter und die Territorien des Deutschen Ordens fallen an Bayern
1806–1814	Großherzogtum Würzburg unter Erzhzg. Ferdinand von Toskana
1814	Wilhelm Sattler beginnt mit der fabrikmäßigen Produktion des „Schweinfurter Grün"
1816	Die Eingliederung Frankens in Bayern ist abgeschlossen
1817	Gründung der Druckmaschinenfabrik Koenig & Bauer
1818	Bayerische Verfassung
1828	Kaspar Hauser taucht in Nürnberg auf
1832	Verfassungsfest Schloss Gaibach
1834–1846	Bau des Ludwig-Donau-Main-Kanals
1835	Fahrt der ersten deutschen Eisenbahn von Nürnberg nach Fürth
1837	Schaffung der Regierungsbezirke Mittelfranken, Oberfranken, Unterfranken
1851	Gründung der ersten Großspinnerei Frankens in Röthenbach bei Arzberg
1857	Hans von Aufseß gründet das Germanische Nationalmuseum
1859	Die Porzellanfabrik Lorenz Hutschenreuthers in Selb nimmt den Betrieb auf
1873	Sigmund Schuckert eröffnet in Nürnberg seine erste Werkstatt
1876	In Bayreuth finden die ersten Wagner-Festspiele statt
1882	Bayer. Landesgewerbe Ausstellung in Nürnberg

1883	Friedrich Fischer baut in Schweinfurt die erste Kugelschleifmaschine
1889	Philipp Rosenthal eröffnet in Selb eine Porzellanfabrik
1895	Gründung der „Schweinfurter Präzisions-Kugellagerwerke Fichtel und Sachs"
1896	Bayer. Landesgewerbe Ausstellung in Nürnberg
1906	Bayer. Landesgewerbe Ausstellung in Nürnberg
1918	Rücktritt Herzog Carl Eduards von Sachsen-Coburg und Gotha
1919	Bamberg wird vorübergehend Sitz der bayerischen Regierung; Verabschiedung der „Bamberger Verfassung"
1920	Sachsen-Coburg wird bayerisch
1923	Willy Messerschmitt gründet in Bamberg die Messerschmitt Flugzeugbau GmbH
ab 1923	Julius Streicher gibt in Nürnberg das Hetzblatt „Der Stürmer" heraus
1925	Gründung des Baur Versands durch Friedrich Baur
	Julius Streicher wird Gauleiter in Mittelfranken
1927	Gründung des Versandhauses Quelle durch Gustav Schickedanz
ab 1927	Abhaltung von Parteitagen, später Reichsparteitagen in Nürnberg
ab 1928	„Frankentage" auf dem Hesselberg
1929	NSDAP erringt in Coburg zum ersten Mal in Deutschland bei der Stadtratswahl die absolute Mehrheit
1930	Gründung des Radiovertriebs Grundig & Wurzer in Fürth
1933	Machtübernahme der Nationalsozialisten
	Etablierung des Gaus „Bayerische Ostmark" (Hauptstadt Bayreuth), zu dem Oberfranken gehört, und des Gaus Franken (Hauptstadt Nürnberg), zu dem Mittel- und Unterfranken gehören
ab 1933	Bau des Reichsparteitagsgeländes in Nürnberg
1935	Die „Nürnberger Gesetze" machen aus Juden Menschen zweiter Klasse
1938	„Reichskristallnacht", antijüdische Pogrome
1939–1945	Zweiter Weltkrieg
1942–1945	Direkte Kriegshandlungen in Franken
	Schweinfurt, Nürnberg und Würzburg werden durch Luftangriffe weitgehend zerstört

20. April 1945	In Franken ist der Krieg zu Ende
1945	Ostheim vor der Rhön kommt zu Franken
ab 1945	Zustrom von Ostflüchtlingen und Sudetendeutschen
1945/46	Kriegsverbrecherprozess in Nürnberg
1945–1948	Verlagerung wichtiger Industriestandorte nach Franken (Siemens – Erlangen, Loewe – Kronach)
1948/49	Gründung von adidas und Puma in Herzogenaurach
ab 1950er-Jahre	Grundig AG entwickelt sich zu einem der führenden europäischen Hersteller der Unterhaltungselektronik
1960–1992	Bau des Main-Donau-Kanals
1971	Zonenrandförderungsgesetz
	Gründung der Fachhochschulen Coburg und Würzburg-Schweinfurt
ab 1972	Gebietsreform; Eichstätt geht an Oberbayern
1972	Universität Erlangen-Nürnberg
1974–2000	Entstehung des Fränkischen Seenlandes
1975	Gründung der Universität Bayreuth
1979	Dammbruch bei Katzwang; ein Mädchen verliert sein Leben
1979	Aus der Theologischen und der Pädagogischen Hochschule Bamberg wird eine Volluniversität
1980–1986	Bau des „Frankenschnellwegs"
1981	Würzburger Residenz wird Weltkulturerbe
1990er-Jahre	Region Nürnberg ist der sechstgrößte Wirtschaftsraum Deutschlands
1993	Bamberg wird Weltkulturerbe
1994	Gründung der Fachhochschule Hof
1995	Gründung der Fachhochschule Aschaffenburg
1996	Gründung der Fachhochschule Ansbach
	Das Fraunhofer Institut Erlangen bringt den MP3-Player auf den Markt
2003	Die Grundig AG wird zerschlagen
2005	Mittelfranken, Teile Oberfrankens und Unterfrankens werden als „Europäische Metropolregion" anerkannt.
2006	Fürth wird Universitätsstadt
2007	AEG-Werk in Nürnberg wird geschlossen
	Fürth wird zur bayernweit 1. Wissenschaftsstadt

Generalkreiskommissare (bis 1837) und Regierungspräsidenten

Mittelfranken

Friedrich Graf von Thürheim	1808
Max Freiherr von Lerchenfeld	1808–1809
Friedrich Graf von Thürheim	1809
Ernst Freiherr von Dörnberg	1810–1817
Karl Graf von Drechsel	1817–1826
Arnold von Mieg	1826–1832
Franz Edler von Stichaner	1832–1838
Friedrich Reichsgraf von Giech	1838–1840
Ferdinand Freiherr von Andrian-Werburg	1840–1847
Karl Freiherr von Welden	1847–1849
Bernhard Ritter von Volz	1849–1854
Max von Gutschneider	1854–1863
Wilhelm Freiherr von Pechmann	1863–1866
Gottfried Ritter von Feder	1866–1879
Hugo Freiherr von Hermann	1879–1889
Julius Ritter von Zenetti	1889–1897
Karl Ritter von Schelling	1897–1902
Ludwig Freiherr von Welser	1902–1909
Julius Ritter von Blaul	1909–1922
Dr. Ludwig Huber	1922–1928
Dr. Gustav Rohmer	1928–1933
Hans Georg Hofmann	1933–1934
Hans Dippold	1934–1944
Heinrich von Kalben	1944–1945
Ernst Reichard	1945
Dr. Hans Schregle	1945–1958
Karl Burkhardt	1958–1975
Heinrich von Mosch	1975–1995
Karl Inhofer	1995–2007
Dr. Thomas Bauer	seit 2008

Oberfranken

Friedrich Graf von Thürheim	1810–1814
Konstantin Freiherr von Welden	1814–1832
Ferdinand Freiherr von Andrian-Werburg	1832–1840
Melchior von Stenglein	1840–1858
Friedrich Freiherr von Podewils	1858–1863
Nikolaus von Koch	1863–1864
Theodor von Zwehl	1864–1868
Ernst Freiherr von Lerchenfeld	1868–1873
Hugo Freiherr von Hermann	1873–1876
Carl von Burchtorff	1876–1893
Rudolph Freiherr von Roman	1893–1909
Gustav Ritter von Brenner	1909–1916
Otto Ritter von Strößenreuther	1916–1932
Dr. Gustav Rohmer	1933
Hans Georg Hofmann	1933–1934
Hans Dippold	1934–1944
Heinrich von Kalben	1944
Ernst Reichard	1945
Dr. Hans Schregle	1945–1948
Dr. Ludwig Gebhard	1948–1956
Dr. Fritz Stahler	1956–1973
Wolfgang Winkler	1973–1998
Hans Angerer	1998–2006
Wilhelm Wenning	seit 2007

Unterfranken

Maximilian Freiherr von Lerchenfeld	1814–1817
Franz Freiherr von Asbeck	1817–1825
Maximilian Freiherr von Zu Rhein	1826–1832
Karl Freiherr von Stengel	1832
August Graf von Rechberg und Rothenlöwen	1833–1837
Ferdinand Freiherr von Andrian-Werburg	1837
Philipp Graf von Lerchenfeld	1838–1840
Leopold Graf Fugger von Glött	1840–1849
Friedrich Freiherr von Zu Rhein	1849–1868
Dr. h. c. Friedrich Graf von Luxburg	1868–1901
Ludwig von Kobell	1901–1907
Karl Ritter von Müller	1907–1913
Dr. Friedrich Ritter von Brettreich	1913–1916
Julius Ritter von Henle	1917–1929
Dr. h. c. Bruno Günder	1929–1933
Dr. Otto Hellmuth (Gauleiter)	1934–1945
Adam Stegerwald	1945

Jean Stock	1945–1946
Dr. Karl Körner	1946–1950
Dr. Karl Kihn	1950–1952
Prof. Dr. Josef Hölzl	1952–1960
Dr. Heinz Günder	1960–1968
Dr. Robert Meixner	1968–1974
Dr. h. c. Philipp Meyer	1974–1984
Dr. Franz Vogt	1984–2000
Dr. Paul Beinhofer	seit 2000

Bezirkstagspräsidenten

Mittelfranken

Michael Poeschke (SPD)	1954–1959
Dr. Andreas Urschlechter (SPD)	1959–1962
Dr. Hans Küßwetter (CSU)	1962–1965
Dr. Ignaz Greiner (CSU)	1965–1978
Georg Holzbauer (CSU)	1978–1990
Gerd Lohwasser (CSU)	1990–2003
Richard Bartsch (CSU)	seit 2003

Oberfranken

Hans Rollwagen (SPD)	1954–1962
Anton Hergenröder (CSU)	1962–1982
Edgar Sitzmann (CSU)	1982–2003
Dr. Günther Denzler (CSU)	seit 2003

Unterfranken

Hans Weiß (CSU)	1954–1966
Oskar Schad (CSU)	1966–1970
Dr. Franz Gerstner (CSU)	1970–1994
Raymund Schmitt (CSU)	1994–2001
Albrecht Graf von Ingelheim (CSU)	2001–2006
Erwin Dotzel (CSU)	seit 30. Januar 2007

Literatur in Auswahl

1250 Jahre Ansbach, Ansbach 1998.

Abels, Björn-Uwe/Sage, Walter/Züchner, Christian, Oberfranken in vor- und frühgeschichtlicher Zeit, Bamberg 1986.

Absolutismus in Franken, Ansbach 1998.

Aus Frankens Frühzeit. Festgabe für Peter Endrich, Würzburg 1986.

Axmann, Rainer, Martin Luther, Coburg und die Reformation, Coburg 1995.

Bosl, Karl, Franken um 800. Strukturanalyse einer fränkischen Königsprovinz, München 1969.

Bretschneider, Günther, Wege in die Zukunft, Coburg 1993.

Bürmann, Ingrid, Sie kamen als Vertriebene und wurden Mitbürger, Schnaittach 1997.

Buhl, Wolfgang, Karolingisches Franken, Würzburg 1973.

Butzen, Reiner, Die Merowinger östlich des mittleren Rheins, Würzburg 1987.

Dannheimer, Hermann/Gebhard, Rupert (Hgg.), Das keltische Jahrtausend, Mainz 1993.

Dengler-Schreiber, Karin, Kleine Bamberger Stadtgeschichte, Regensburg 2006.

Der Nationalsozialismus in Franken, München 1979.

Die Andechs-Meranier in Franken, Mainz 1998.

Die Franken Wegbereiter Europas, Mainz 1996.

Diefenbacher, Michael/Endres, Rudolf, Stadtlexikon Nürnberg, Nürnberg 2000.

Dippold, Günter/Wirz, Ulrich, Die Revolution von 1848/49 in Franken, Bayreuth 1998.

Dohna, Jesko zu, „... zur Wohlfahrt und zum Besten des Landes.", Castell 1999.

Ein Herzogtum und viele Kronen. Coburg in Bayern und Europa, Augsburg 1997.

Endres, Rudolf (Hg.), Bayreuth, Köln 1995.

Endrich, Peter, Vor- und Frühgeschichte des bayerischen Untermaingebietes, Aschaffenburg 1961.

Fein, Egon, Nürnberg in den 50ern, Nürnberg 1996.

Fischer, Roman, Aschaffenburg im Mittelalter, Aschaffenburg 1989.

Friedrich, Egbert, Hexenjagd im Raum Rodach und die Hexenprozessordnung von Herzog Johann Casimir, Rodach 1985.

Frühwald, Ernst (Hg.), Der Zweite Weltkrieg in Franken, Sennfeld 1991.

Geschichte Bayerns im Industriezeitalter, Stuttgart 1997.

Grießhammer, Birke (Hg.), Drutenjagd in Franken, Erlangen 1998.

Grimm, Claus (Hg.), Aufbruch ins Industriezeitalter, München 1985.

Hambrecht, Rainer, Der Aufstieg der NSDAP in Mittel- und Oberfranken, Nürnberg 1976.

Henker, Michael/Weber, Renate (Hgg.), Bayern entsteht. Montgelas und sein Ansbacher Mémoire von 1796, Augsburg 1996/97.

Hermann, Ingo, Hardenberg der Reformkanzler, Berlin 2003.

Jahn, Wolfgang/Schumann, Jutta/Brockhoff, Evamaria (Hgg.), Edel und Frei. Franken im Mittelalter. Katalog zur Landesausstellung 2004 Pfalzmuseum Forchheim (= Veröffentlichungen zur Bayerischen Geschichte und Kultur 47/04. Herausgegeben vom Haus der Bayerischen Geschichte), Bobingen 2004.

Kilian Mönch aus Irland – aller Franken Patron 689–1989, Würzburg 1989.

Kirmeier, Josef/Schumann, Jutta/Lengle, Peter (Hgg.), 200 Jahre Franken in Bayern 1806 bis 2006. Katalog zur Landesausstellung 2006 Industriemuseum Nürnberg (= Veröffentlichungen zur Bayerischen Geschichte und Kultur 51/2006. Herausgegeben vom Haus der Bayerischen Geschichte), Bobingen 2006.

Kist, Johannes, Fürst- und Erzbistum Bamberg, Bamberg 1962.

Koch, Robert/Kerscher, Hermann/Küster, Hansjörg, Fossa Carolina – 1200 Jahre Karlsgraben, Nürnberg 1993.

Kolb, Peter/Krenig, Ernst-Günter (Hgg.), Unterfränkische Geschichte, Würzburg 1992–2002.

Kreutner, Rudolf, 1200 Jahre Schweinfurt, Schweinfurt 1991.

Kriegelstein, Alfred, Von der Frühzeit zum Spätmittelalter, Bad Windsheim 1985.

Ders., Von der Reformation zur Gegenwart, Bad Windsheim 1985.

Kunze, Karl, Kriegsende in Franken und der Kampf um Nürnberg im April 1945, Nürnberg 1995.

Lenssen, Jürgen/Wamser, Ludwig, 1250 Jahre Bistum Würzburg. Archäologisch-historische Zeugnisse der Frühzeit, Würzburg 1992.

Mayer, Manfred/Holzmann Hubert (Hgg.), Die Markgrafen von Ansbach-Bayreuth und ihre Vorfahren, die Burggrafen von Nürnberg, Erlangen 2002.

Meidinger-Geise, Inge (Hg.), Frauengestalten in Franken, Würzburg 1985.

Meyer, Otto, Oberfranken im Hochmittelalter, Bayreuth 1973.

Moser, Peter, Würzburg Geschichte einer Stadt, Bamberg 1999.

Ders., Romanik in Franken, Bamberg 2000.

Müller, Rainer A./Buberl, Brigitte (Hgg.), Reichsstädte in Franken, München 1987.

Nürnberg – Kaiser und Reich, Nürnberg 1986.

Peters, Michael, Geschichte Frankens vom Ausgang der Antike bis zum Ende des Alten Reiches, Gernsbach 2008.

Pfeiffer, Gerhard, Nürnberg – Geschichte einer europäischen Stadt, München 1982.

Roth, Elisabeth (Hg.), Oberfranken im Spätmittelalter und zu Beginn der Neuzeit, Bayreuth 1979.

Dies. (Hg.), Oberfranken in der Neuzeit bis zum Ende des Alten Reiches, Bayreuth 1984.

Rutte, Erwin, Rhein. Main. Donau. Wie – wann – warum sie wurden, Sigmaringen 1987.

Sage, Walter, Oberfranken in vor- und frühgeschichtlicher Zeit, Bamberg 1996.

Schäfer, Hans-Peter, Die Anfänge der fränkischen Eisenbahn, Würzburg 1985.

Schmid, Alois/Weigand, Katharina (Hgg.), Schauplätze der Geschichte in Bayern, München 2003.

Schmidt, Roderich (Hg.), Bayreuth und die Hohenzollern vom ausgehenden Mittelalter bis zum Ende des Alten Reiches, Ebsdorfergrund 1992.

Schmittner, Monika, Der Traum von der freien Republik, Aschaffenburg 1998.

Schubert, Ernst, Arme Leute, Bettler und Gauner im Franken des 18. Jahrhunderts, Neustadt (Aisch) 1990.

Schugg-Reheis, Claudia/Bahr, Michael, Grenzenlos, Coburg 1990.

Spindler, Max/Kraus, Andreas (Hgg.), Handbuch der bayerischen Geschichte III/1, Geschichte Frankens bis zum Ausgang des 18. Jahrhunderts, München ³1997.

Springer, Tobias (Hg.), Die ersten Franken in Franken. Das Reihengräberfeld von Westheim, Nürnberg 1994.

Stadtmüller, Alois, Maingebiet und Spessart im Zweiten Weltkrieg, Aschaffenburg 1982.

Stalla, Gerhard/Treml, Manfred (Hgg.), Die Einheits- und Freiheitsbewegung und die Revolution von 1848/1849 in Franken, Augsburg 1999.

Steidle, Hans, Die Entstehung der frühmittelalterlichen Gesellschaft, Würzburg 1989.

Taylor, Telford, Die Nürnberger Prozesse, München 1994.

Wagner, Ulrich (Hg.), Geschichte der Stadt Würzburg, Stuttgart 2001–2007.

Weiß, Dieter J. (Hg.), Barock in Franken, Dettelbach 2004.

Werzinger, Dieter R., Die zollerischen Markgrafen von Ansbach, Neustadt (Aisch) 1993.

Zelnhefer, Siegfried, Die Reichsparteitage der NSDAP, Nürnberg 1991.

Internetadressen

Bezirk:
www.bezirk-oberfranken.de
www.bezirk-mittelfranken.de
www.bezirk-unterfranken.de

Geschichte:
www.fraenkischegeschichte.de
www.freilandmuseum-fladungen.de
www.historischer-verein-mittelfranken.de
www.hvo.franken.org
www.nhg-nuernberg.de

Kirche:
www.bistum-wuerzburg.de
www.erzbistum-bamberg.de
www.eo-bamberg.de
www.bayern-evangelisch.de

Regierung:
www.regierung.mittelfranken.bayern.de
www.regierung.oberfranken.bayern.de
www.regierung.unterfranken.bayern.de

Tourismus:
www.fichtelgebirge.de
www.fraenkische-schweiz.com
www.fraenkischeseen.de
www.haus-des-frankenweins.de
www.OberesMaintal-CoburgerLand.com
www.rhoen.de
www.romantisches-franken.de
www.staedteregion-Nuernberg.de
www.steigerwald-info.de

Wirtschaft:
www.bayreuth.ihk.de
www.ihk-nuernberg.de
www.unterfranken-in-zahlen.de

Register

Personen

Orte

Bildnachweis

Archiv des Tourismusverbandes Fränkisches Seenland, Gunzenhausen: S. 167

Bayerisches Landesamt für Denkmalpflege, München–Luftbildarchäologie: S. 23 (Archivnr. 5932/001, Dia 7718-37; Foto: Klaus Leidorf, 25.05. 1997)

Bayerische Verwaltung der staatlichen Schlösser, Gärten und Seen, München: S. 79 (Foto: Custodis/Hetzenecker, 01.01.1994), 125 (Bayreuth, Neues Schloss; Inv.-Nr. BayNS. G 3)

bpk, Berlin: S. 88 (Stadtbibliothek Nürnberg; Foto: Dietmar Katz), 102 (Historisches Museum Frankfurt/Main)

Germanisches Nationalmuseum, Nürnberg: S. 18 (Inv.-Nr. Vb 8007), 113 (Inv.-Nr. HB 196)

http://commons.wikimedia.org: S. 53 (Foto: Chris 73), 55 (Foto: Armin Kübelbeck), 78 (Stadt Kulmbach; Foto: Diabas), 85 (Foto: Schedel), 104 (Foto: Frank Schulenburg), 108 (Foto: GerWsUpload), 122 (Foto: Peter-Braun74), 147 (Library of Congress Washington; Foto: Sir Gawain), 153 (NARA Maryland, Charles Russell Collection; Foto: Kjetil r), 158 (NARA Maryland, National Archives Collection of World War II War Crimes Records; Foto: Nicke L)

INTERFOTO, München: S. 160 (INTERFOTO–TV-yesterday)

Koenig & Bauer AG: S. 141 (KBA-Archiv-Nr. 948)

Mainfränkisches Museum Würzburg: S. 134 (Inv.-Nr. S 60497)

museen der stadt nürnberg/grafische sammlung: S. 131, 137

Nach: Albrecht Weber (Hg.), Handbuch der Literatur in Bayern. Vom Frühmittelalter bis zur Gegenwart. Regensburg 1987: S. 64 (Universitätsbibliothek Heidelberg; Cod. Pal. Germ. 848 fol. 149^v)

SLUB Dresden/Deutsche Fotothek: S. 117 (Landesamt für Denkmalpflege Dresden, Bibliothek; Foto: Henrik Ahlers)

Staatsarchiv Nürnberg: S. 90 (Rst. Nürnberg, Handschriften 399a)

Stadt Rehau, Hauptamt: S. 115

Stadt Weißenburg: S. 25 (Foto: Robert Renner)

Stadtarchiv Würzburg: S. 45 (Ratsbuch 412, fol. 21r)

ullstein bild, Berlin: S. 119 (ullstein bild – Imagebroker.net), 139, 145 (ullstein bild – Imagebroker.net)

Universitätsbibliothek Würzburg: S. 37 (M.ch.f.760, Bl. 1r), 106 (Salver: Icones virtuosae sanctorum, Würzburg 1712, Kupferstich Nr. 61)

Verlagsarchiv: S. 83, 133

Vollnhals Fotosatz, Neustadt/Donau: S. 75 (nach einer Vorlage aus: Wolfgang Jahn u. a. (Hg.), Edel und Frei. Franken im Mittelalter. München/Augsburg 2004)

ZF Sachs AG, Schweinfurt: S. 171

Thomas Fischer/Erika Riedmeier-Fischer
Der römische Limes in Bayern
Geschichte und Schauplätze entlang des UNESCO-Welterbes

Der reich illustrierte Band informiert umfassend und zuverlässig über die Militärgrenzen Roms in Bayern. Vorgestellt werden die Geschichte und Funktion des Limes, die römische Grenzpolitik und die Ausrüstung und Bewaffnung der Limestruppen. Kernstück des Buches ist ein aktueller Wanderführer entlang des raetischen Limes zwischen Wilburgstetten bei Dinkelsbühl bis Eining an der Donau mit einer Beschreibung aller Wachtürme und Kastelle sowie Hinweisen auf Museen und archäologische Parks. Schließlich werden noch weitere 40 Militärplätze in Bayern vorgestellt, die zwar nicht unmittelbar entlang des römischen Grenzwalls liegen, deren Besuch aber besonders zu empfehlen ist.

232 Seiten, 163 Abbildungen, davon zahlreiche farbige,
acht Wanderkarten und eine Übersichtskarte
Hardcover, ISBN 978-3-7917-2120-0

Verlag Friedrich Pustet **www.pustet.de**